나만의
스토리로
책 쓰기에
도전하라

나만의
스토리로
책 쓰기에
도전하라

이동윤 지음

이담북스

시골분교 사진이 책이 되다

사진에 빠진 30대를 회상하다

서른 살, 사진을 위해 첫 직장 대기업을 그만두었다. 이후 2년제 사진학과에 입학하였다. 대학원을 졸업하고 전문대에 들어오니 모두 의아해했다. 2년 후 다시 사진학과 대학원에 입학하였다. 3년 동안 전국을 누볐다. 시골분교 사진 작품을 촬영하기 위해서였다. 2002년도에 사진비평상을 수상하였다. 하남국제청년작가전에도 초대되었다. 사진전 기획자 경험도 하였다. 딱 5년이었다. 재미도 있었다. 결과도 좋았다.

하지만 사진작가의 꿈이 멈춰버렸다. 경제적 이유였다. 결혼하면서 작은 사업을 시작하였다. 커피전문점과 쥬얼리숍을 운영하였다. 결과는 실패였다. 경제적 상황이 어려워졌다. 더는 버티기 힘들었다. 이후 전혀 다른 인생을 살았다. 사진작가의 꿈은 가슴속에 묻어버렸다. 언젠가 개인 사진전만은 하겠다는 마음으로 아쉬움을 달래 왔다.

사진작가의 꿈이 책으로 다시 태어나다

이 책은 시골분교 사진이 책으로 다시 태어나는 이야기이다. 멈춰버린 사진작가의 꿈이 책으로 부활하고, 개인 사진전에 대한 구상을 책

쓰기로 대신했다. 좀 더 일찍 책 쓰기를 했더라면 하는 아쉬움도 담겨 있다.

필자는 20년 전 추억으로 책 쓰기에 도전했다. 추억을 기록하는 데는 책 쓰기만 한 게 없다. 누구나 간직하고 있는 그 어떤 추억도 책이 될 수 있다. 추억으로 책 한 권 쓰는 작업은 나의 존재 이유를 발견하게 되는 소중한 작업이다.

사람들에게 책 쓰기를 제안한다. 책 쓰기의 힘은 대단하다. 나 자신을 바꾸는 계기가 된다. 나만의 브랜딩을 할 수 있다. 성공적인 인생을 만든다. 책 쓰기는 자신을 영원히 남기는 방법이다.

필자는 이 책을 통해 나만의 스토리로 책을 쓰는 사례를 보여준다. 어떤 경험도 책이 될 수 있음을 알려준다. 이 책에서 이야기하는 내용은 크게 여섯 가지다.

첫째, 20년 만에 다시 찾은 시골분교에 대한 추억의 여행기이다. 20년 전을 기억하기는 아무래도 무리다. 그래서 사진 속 시골분교를 다시 찾았다. 20년을 넘나드는 시간 속 여행이다. 지나온 과거를 되돌아보는 추억의 여정이다.

둘째, 사진에 빠진 30대를 회상한다. 30대에 사진과 함께했던 우여곡절의 인생 스토리를 이야기한다. 멈춰버린 사진작가의 꿈이 책으로 다시 태어나는 이유를 설명한다.

셋째, 40여 개나 되는 폐교 직전 시골분교의 사진 촬영 과정을 이야기한다. 가장 기억에 남는 시골분교의 촬영 과정을 소개한다.

넷째, 촬영한 시골분교를 다시 방문하여 20년 후의 모습을 기록한다. 아직 폐교되지 않고 남아 있는 다섯 개의 분교가 있다. 그 분교만의 특별한 이유도 담는다. 폐교 이후 활용되고 있는 몇 개의 사례도 보여준다.

다섯째, 사진 속 시골분교가 TV에 나오는 모습은 재미를 더해 준다. 시골분교는 드라마, 광고, 예능, 다큐멘터리 등에서 다양한 모습으로 그려져 왔다. TV 속 시골분교의 모습은 볼거리를 제공한다.

마지막으로, 책 쓰기 도전에 대한 과정을 이야기한다. 책 쓰기 시작에서부터 앞으로의 책 쓰기 계획까지 담겨 있다. 생애 첫 책의 출간 과정은 책 쓰기에 도전하는 사람들에게 충분히 도움이 될 만하다. 이 밖에 부록에서는 '그 밖의 시골분교 사진들'을 만날 수 있다.

나만의 스토리로 책 쓰기에 도전해 보자

누구나 간직하고 있는 추억을 끄집어내어 책 쓰기에 도전해 보자. 나만의 추억이 새로운 스토리로 탄생할 수 있다. 자신에게는 성장의 계기가 될 수 있다. 다른 사람에게는 희망을 줄 수 있다.

나만의 스토리로 책 쓰기에 도전하고 싶은 분이라면, 이 책을 꼭 읽어보길 바란다. 좋은 참고가 될 수 있다. 책 쓰기는 누구나 쉽게 할 수 있어야 한다. 조금만 노력해도 가능해야 한다. 이 정도면 도전해 볼 만하다는 생각이 들었으면 한다. 책 쓰기를 어렵게 생각하는 사람들에게 자신감을 주고 싶다. 도전해 보겠다는 동기가 되기를 기대한다.

이제 더는 미루지 말고 한번 시도해보자. 왜냐면 책 쓰기는 멋진 삶을 사는 첫걸음이 될 수 있기 때문이다. 책 쓰기로 좀 더 행복하고 성공적인 인생을 살게 된다면, 필자도 행복할 것 같다.

– 어느 봄날, 저자가

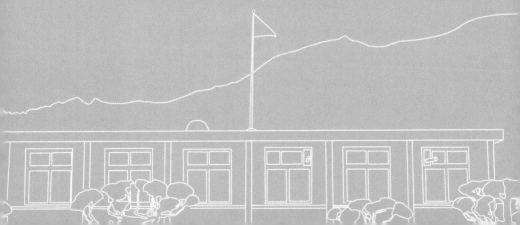

목 차

부록

▶ 그 밖의 시골분교 사진

제1장

20년 전, 사진에 빠지다

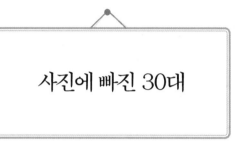

사진에 빠진 30대

"카메라는 경험을 포착해 두려는 심리를 가장 이상적으로 이뤄주는 의식의 도구이다."

미국의 소설가, 문예평론가, 사회운동가인 수전 손택의 말이다. 자신의 저서 《사진에 관하여》에서 위와 같이 언급하였다. 또한 "사진을 찍는다는 것은 사진에 찍힌 대상을 소유한다는 것을 뜻한다. 이 과정을 통해서 마치 자신이 어떤 지식을 얻은 듯, 어떤 힘을 얻은 듯 느낀다."라고 덧붙였다.

사람들은 왜 사진에 빠지나? 수전 손택의 말에서 그 해답을 찾을 수 있다. 사진은 독특한 매력이 있다. 그 매력에 누구나 한 번쯤은 빠져 본 경험이 있다. 스마트폰은 이를 더욱 강렬하게 유혹한다. 자신의 생활을 촬영하여 SNS에 올리며 자랑이라도 하듯 당당하게 드러낸다. 예전에는 상상하지 못한 일이다. 이제는 우리의 일상이 되었다.

사진에 빠지는 이유를 하나 더 들어보자. 이는 인간의 예술 욕구다. 누구나 예술을 하고 싶은 마음을 가지고 있다. 인생에서 한번쯤은 예술가의 꿈을 꾼 적이 있다. 하지만 음악, 미술 등의 예술은 기술이 필요하다. 일정 시간 공을 들여서 배워야 한다. 마음은 있지만 선뜻 나서기가 어려운 이유이다. 그래서 예술에 대한 욕구를 펼치기가 쉽지 않다.

사진은 다르다. 기계가 대신하기 때문이다. 손쉽게 접근할 수 있다. 특별히 배우지 않아도 누구나 다룰 수 있다. 이해하는 데도 쉽다. 현실을 촬영하기 때문에 눈에 익숙하다. 보기에 멋진 사진이 많다. 나이 들어 뒤늦게 사진에 빠지는 이유이다. 예술가로 직접 나서는 사람들도 있다. 직업을 아예 바꾸는 사람도 종종 본다. 사진은 분명 독특한 매력을 지니고 있다.

기자의 꿈으로 시작한 사진

나도 사진에 빠진 적이 있다. 딱 5년이다. 30대 초반에 모든 것을 버리고 사진에 매료되었다. 사진을 위해 첫 직장 대기업을 그만두었으니 말 다한 것 아닌가? 이후 2년제 사진학과에 입학하였다. 다시 사진학과 대학원에 진학하였다. 사진작품을 촬영하기 위해 3년 동안 전국을 누볐다. 2002년도에 사진비평상을 수상하였다. 하남국제청년작가전에도 초대되었다. 사진전 기획자 경험도 하였다. 재미도 있었다. 결과도 좋았다.

사진은 기자의 꿈에서 시작되었다. 어렸을 적부터 기자가 꿈이었다. 각종 행사에서 사진을 촬영하여 나누어주는 일을 즐겼다. 지금도 나누어준 사진을 기억하는 친구들이 많다. 고등학생 때는 청소년연맹 기자로서 사진을 촬영하여 기사를 올리곤 하였다. 대학에서도 글을 쓰고, 홍보하는 일만큼은 도맡아 해왔다.

대학원을 졸업하고 입사한 첫 직장은 대기업이었다. 초반에는 열심히 직장생활을 하였다. 대기업이라는 명성에 대한 자부심도 있었다. 하지만 얼마 가지 못했다. 권위적인 직장문화는 회의감을 갖게 하였다. 미래가 없어 보이는 선배들의 모습은 직업에 대한 고민을 던져 주었다. 탈출구가 필요하였다.

선택은 사진이었다. 사진학원에 다녔다. 기초부터 배웠다. 주말마다 여행을 다녔다. 사진의 매력에 빠졌다. 답답했던 직장생활의 굴레를 조금이나마 털어버릴 수 있었다. 기자의 꿈을 다시 살리고 싶은 마음도 있었다.

IMF로 인한 첫 직장 퇴사

1997년, 대한민국에 암울한 그림자가 드리워졌다. IMF라는 사상 초유의 경제위기를 맞이한 것이다. 이전에 겪지 못했던 어려움이 닥쳐왔다. 직장에서는 구조조정이 이루어졌다. 언제 올지 모르는 실직의 걱정으로 밤잠을 이루지 못하였다. 이러다 인생이 잘못될 수도 있겠다는 생각을 누구나 떠올렸던 시기였다.

걱정은 나에게도 찾아왔다. 첫 직장이었던 쌍용엔지니어링은 당시 재계 서열 6위였던 쌍용그룹의 계열사였다. IMF의 직격탄을 맨 처음 맞은 기업은 쌍용자동차였다. 계열사인 쌍용엔지니어링에도 여파가 밀려왔다. 구조조정이 곧 있을 것이라는 소문이 돌았다. 회사에 불안감이 휩싸였다.

처음 소속되었던 경영지원팀에서 도로부로 이동하는 인사발표가 있었다. 입사한 지 2년이 안 되는 신입사원이라 구조조정 명단에는 빠졌다. 대신 현장부서로 옮기는 조치였다. 내키지 않았다. 점점 안 좋아지는 회사의 앞날이 걱정이었다. 권위적인 회사문화는 더욱 크게 느껴졌다. 어려운 시기를 견디면서 회사를 계속 다닐 것인가? 다른 길을 찾아 나설 것인가? 고민 끝에 내린 선택은 첫 직장 퇴사였다.

대기업 퇴사 후 2년제 사진학과 입학

"서른, 다시 시작이다." 당시 유행했던 광고 문구다. 1998년에 서른 살이었다. 어쩌면 그렇게 나와 딱 맞는 말인가? 다시 시작은 사진이었다. 곧바로 사진학과에 입학을 준비하였다. 기초부터 다시 배우고 싶었다. 당시 사진학과는 인기가 많았다. 대부분의 사진학과 경쟁률이 10:1이 넘었다.

세 개 대학에 합격하였다. 신구대학, 서울예술대학, 경원대학이다. 당시에 서울예술대학이 워낙 유명했다. 다니고 싶었다. 하지만 주간에는 돈을 벌어야 했다. 그래서 야간과정이 있었던 신구대학을 선택하였다. 모두 의

아해했다. 당연하다. 대학원까지 졸업하고 대기업을 그만두고 2년제 사진학과에 입학했으니 말이다. 그만큼 사진에 대한 열정은 뜨거웠다. 서른 살은 이렇게 다시 시작되었다.

돈을 벌기 위해 우유배달을 하였다. 새벽부터 아침까지 3~4시간 동안 강남 일대를 누볐다. 만만치 않았다. 더 어려운 것은 우유 대금 수금이었다. 강남 일대 원룸촌은 이사가 잦았다. 대금을 못 받는 일이 다반사였다. 어렵게 일하고 돈은 얼마 못 가져가는 일이 반복되었다. 그만두기도 어려웠다. 소사장제도 방식이어서 인수할 사람이 있어야 했다. 1년이 지나서야 그만두었다. 다시 시작한 사진의 길은 시작부터 험난했다.

사진학과 생활에 누구보다 열심히 임하였다. 어린 동생들과의 학교생활은 재미도 있었다. 사진의 기초를 배운다는 자세로 최선을 다하였다. 장학금도 받았다. 낮에는 우유배달을 마치고 과제 준비를 하였다. 1년을 다닌 후 대학원 진학을 결심하였다. 본격적인 사진예술의 길을 가겠다는 마음이었다.

다시 사진학과 대학원에 입학

기자의 꿈으로 시작한 사진은 작가의 꿈으로 변하였다. 대학원 진학을 결심한 이유였다. 그래서 다큐멘터리 전공이 아닌 순수사진 전공을 선택하였다. 상명대학교 예술디자인대학원에 도전하였다. 하지만 첫 번째 문에서 좌절되었다. 불합격이었다. 예술 분야 비전공자라는 이유로 대학원의 벽은 높기만 하였다.

이대로 포기할 수 없었다. 다시 도전하기로 하였다. 입학을 위한 사진 포트폴리오가 필요하였다. 여러 사진작가에게 조언을 구하였다. 해당 학과 교수님의 전시회마다 찾아다니며 안면을 익혔다. 온 힘을 다하여 준비하였다. 열정은 결국 통했다. 당시 상명대학교 예술디자인대학원 순수사진 전공에 유일하게 비전공자로 합격한 것이다.

경제적인 문제도 중요하였다. 우유배달로 생활비를 해결하기에는 턱없이 부족하였다. 사진에 드는 비용도 만만치 않았다. 다양한 카메라가 필요했고, 부수적인 기기도 장만해야 했다. 필름 값도 부담이 컸다. 이동하는 교통비용도 적지 않았다. 특별한 대책이 필요하였다.

부모님께 사정을 말씀드리며, 커피숍을 차릴 수 있도록 도움을 청하였다. 어렵게 승낙을 받았다. 결혼을 약속한 아내와 커피숍을 차렸다. 대학원 입학과 함께 결혼을 하며, 사진작가의 길과 결혼이라는 새로운 인생을 시작한 것이다.

시골분교
사진 작품에 도전

사진작가로서의 첫 도전은 시골분교 사진이었다. 사진학과 대학원에 다니는 대다수는 미술 전공자였다. 이들과 회화적 요소로 경쟁하는 건 한계가 있었다. 사진 이론은 자신이 있었다. 하지만 예술 감각은 조금 부족하였다. 차별화된 경쟁력이 필요했다. 도큐먼트 사진기법을 선택한 배경이었다.

시골분교는 사라져 가는 분교를 자료형식으로 기록한 사진이었다. 그동안 분교를 소재로 한 대부분의 사진은 감성적으로 접근했다. 반면에 시골분교는 대상을 있는 그대로 객관적이고 무미건조하게 표현하였다. 분교 건물과 주변 자연경관 그리고 학생들을 미화하지 않았다. 도큐먼트 사진기법은 새로운 실험이었다. 시골분교가 의미 있는 사진 작업으로 평가를 받았던 이유였다.

모든 사진은 일관된 형식이 있었다. 전교생 10명 이내의 분교가 대상이었다. 선명한 화상과 깊은 심도를 위해 4×5인치 대형필름 카메라를 사용하였다. 전교생을 건물 앞의 일정한 거리에 위치하도록 하였다. 건물 전체가 사진에 나오도록 정면에서 촬영하였다. 학생들은 건물 앞에 있게 하였다. 인물로 시선을 고정하지 않았다. 감성적으로 포장되지 않도록 작게 보이게 하였다.

이러한 사진 형식은 사진 역사에서 그 맥을 찾을 수 있다. 오셜리반 등의 다큐멘터리 풍경 사진이 대표적이었다. 19세기 후반 미 서부 정복을 목적으로 지질학 · 지형학 연구를 위한 사진이었다. 워커 에반스의 기록사진 형태도 있었다. '정면성'이라는 새로운 사진 코드를 도입하였다. 사실 시골분교는 워커 에반스 사진에서 가장 많은 영향을 받았다고 할 수 있다.

시골분교 촬영 대상지 선정

촬영 대상지를 물색하기 위한 자료가 필요하였다. 교육부에서 전국 초등학교 목록을 찾아냈다. 거기서 전교생 10명 이내의 학교를 추렸다. 대략 200여 개 정도였다. 이중에서 사진 형식에 맞는 학교를 선정하였다. 일일이 전화하였다. 고단한 일이었다. 그래도 중요한 일이기에 열정을 다하였다.

"상명대학교 사진학과 대학원에 다니는 이동윤이라고 합니다. 시골분교를 대상으로 졸업사진을 준비하고 있습니다. 몇 가지 여쭤볼 게 있어서 전화드렸습니다. 혹시 교실이 몇 개인가요? 현재 학생 수는 몇 명인가요?"

대부분 친절하게 알려주었다. 교실 수가 5개 이상인 분교는 제외하였다. 사진의 조형미를 갖추기 위해서였다. 이런 과정을 거치니 약 60~70개 정도로 줄었다. 〈전국 초등학교 목록 체크 자료〉를 보면, 당시에 얼마나 꼼꼼하게 체크했는지를 엿볼 수 있다. 지금까지도 사진 작업에 임했던 열정이 느껴진다.

이 자료의 발견은 대단히 고무적인 일이었다. 책을 꼭 써야겠다고 마음먹은 결정적인 계기가 됐다. 얼마 전 이사를 하면서 찾아냈는데 그 기쁨은 이루 말할 수 없었다. 한때 지녔던 소중한 꿈이 다시 책으로 태어나는 동력이 되었다. 개인 사정으로 사진을 포기하였지만 이 자료만큼은 보관해야겠다는 마음이었다. 언젠가는 꼭 필요할 것이라는 믿음이 있었다.

전국의 시골분교 40여 개를 촬영

촬영은 가까운 곳부터 시작하였다. 첫 방문은 강원도 횡성이었다. 이후 강원도 홍천, 평창, 영월, 정선으로 옮겼다. 이어 강릉, 삼척, 양양 등 동해안으로 이동하였다. 다음은 경상북도 봉화, 영양에서 경상남도 하동, 진주, 통영, 진해, 사천으로 이어졌다. 다시 인천 무의도, 보령, 서산, 태안 등 서해안으로 갔다. 마지막으로 전남 완도, 영암으로 향하였다.

대부분 산골 오지와 외딴섬이었다. 지금과는 달리 길이 좋지 않았다. 비포장도로가 다반사였다. 배편으로 갔다가 풍랑이 심해 며칠을 묵은 적도 있었다. 멀고도 험한 길이었다. 그래도 예술작업이라는 자부심이 있었다. 매번 즐거운 마음으로 임할 수 있었던 바탕이었다.

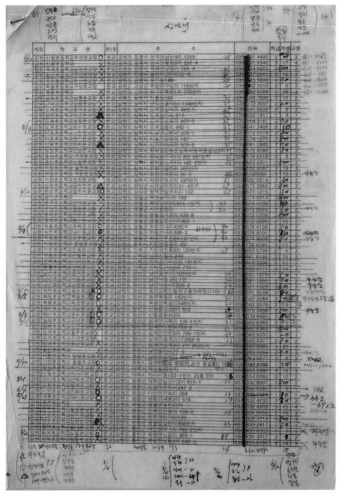

전국 초등학교 목록 체크 자료

〈시골분교 촬영 전국 분포도〉를 보면, 전국을 돌아다닌 이동 경로를 알 수 있다. 3년 동안의 노고를 엿볼 수 있다. 지금은 네비게이션이 있다. 네비게이션이 없던 당시는 큰 지도책을 활용하였다. 지도에서 국도 번호가 요긴하였다. 지도를 보고 학교를 정해 국도를 따라갔다. 가다 보면 목적지가 나올 것 같은 예감이 들었다. 분교 모습에 대한 기대감이 가득하였다. 드디어 분교가 나타나면 보물을 찾은 기쁨을 느꼈다.

시골분교는 하나같이 색다른 모습을 지니고 있었다. 특별함이 있었다. 색깔이 묻어 있었다. 학교를 들어서면 왠지 설레었다. 교무실에 방문하여 선생님께 인사하며, 정중하게 부탁의 말을 건네었다.

"안녕하세요! 지난번 전화를 드린 적이 있었는데요. 저는 상명대학교 사진학과 대학원에 다니는 이동윤이라고 합니다. 말씀드린 대로 졸업사진 작품으로 사라져가는 시골분교를 기록으로 남기려고 이렇게 방문하게 되었습니다. 아이들을 잠깐만 교실 앞에서 촬영할 수 있도록 허락해 주시면 감사하겠습니다."

선생님 대부분이 친절하게 안내하여 주었다. 몇 번 촬영한 이후에는 사진을 보여드리면 훨씬 반응이 좋았다. 더욱 적극적이었다. 기분 좋은 대화도 나눌 수 있었다. 시골의 따뜻한 정이었다. 손님을 맞이하는 친절이었다. 인간적인 푸근함은 지금도 느껴진다. 여정은 험난했다. 마음만은 신나는 여행길이었다. 당시의 추억이 그대로 전해온다.

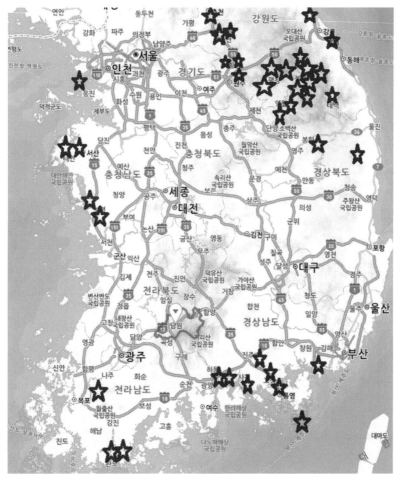

시골분교 촬영 전국 분포도

사진작가로서
잊지 못할 경험

"전국의 산골 오지와 섬에 있는 분교를 찾아다녀야만 하는 힘든 과정이었지만, 가치 있는 작업이라는 믿음이 있었기에 지속할 수 있었다."

2002년 제4회 사진비평상 수상식에서 수상소감으로 한 말이다. 이어 "안정된 직장을 그만두고 힘들게 걸어왔던 과정에서 작은 희망의 빛을 본 것이 이번 상의 가장 큰 기쁨이다. 촬영에 도움을 주신 분교 선생님들과 작품에서 모델이 되어준 아이들에게 고마움을 전한다."라고 덧붙였다.

사진비평상 수상은 말할 수 없는 기쁨이었다. 그동안의 고생을 보상받은 기분이었다. 그리 길지 않았던 시간이 주마등처럼 스쳐 갔다. 우여곡절의 시간이었다. 무엇보다 짧은 사진 경력에도 불구하고 잠재력을 인정받은 점이 가장 큰 보람이었다. 전시회에 처음 걸린 사진은 은근한 자신감도 불어넣어 주었다.

수상식 기억은 지금도 생생하다. 2002년 6월 11일이었다. 압구정동 박영덕 화랑에서 있었다. 2002년 월드컵이 한창이었다. 한국과 미국 경기가 있었던 다음날이었다. 붉은 악마 옷을 입고 거리응원을 펼쳤던 전날의 기운이 가시지 않았다. 그 기분으로 참여한 수상식은 유쾌한 추억으로 남아 있다.

사진비평상은 한국 사진계 최초의 신인 등용문이다. 대중음악계의 대학가요제와 견줄 만하다. 올해로 19회까지 이어질 정도로 권위를 인정받고 있는 상이다. 1999년에 포토스페이스(구 타임스페이스)사가 제정하여 출발하였다. 《사진비평》지와 〈스포츠조선〉사가 공동 주최하여 행사가 진행된다. 사진의 잠재력과 가능성에 도전하는 35세 이하 젊은 작가들의 역량을 평가하고 활동을 지원하는 것이 목적인 것이다.

사진비평상 출품을 도전하게 된 계기는 대학원 수업이었다. 지도교수님의 4학기 전공 수업이었다. 그동안 촬영한 사진을 평가받는 시간이었다. 대학원 진학 후에 여전히 사진작품에서는 부족함이 있었다. 사진작가로서도, 대학원 졸업을 위해서도 반드시 넘어야 할 관문이었다.

시골분교 사진은 승부수였다. 어떤 평가를 받을지가 궁금하였다. 세상에 처음 선보이는 수업시간은 그래서 중요하였다. 사진을 처음 접한 분들의 표정은 지금도 잊을 수가 없다. 놀라는 표정이었다. 다행히 칭찬 일색이었다. 독특한 콘셉트에 박수를 보내줬다. 그동안의 부족함과 아쉬움을 떨쳐내는 순간이었다. 무엇보다 나만의 실력을 보여주었다는 점에서 뿌듯함이 컸다.

당시 대학원의 분위기는 회화적 요소와 조형미를 가미한 사진이 주를 이루었다. 반면에 사진계에서는 컨셉트 사진이 새롭게 각광을 받고 있었다. 시골분교 사진은 도큐먼트 형식의 컨셉트 사진에 가까웠다. 그래서 어떤 평가를 받을지 걱정과 기대가 함께 있었던 것이 사실이었다.

지도교수님께서 사진비평상 출품을 제안하셨다. 경쟁력이 충분하다는 것이었다. 큰 힘이 되었다. 구체적인 목표는 의지를 불살라 주었다. 출품 시한은 작업 속도를 내게 하였다. 신인 등용문이라는 상의 권위는 동기가 되기에 충분하였다.

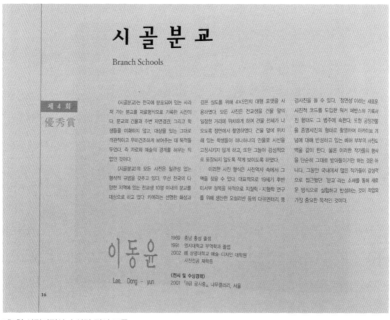

제4회 사진비평상 수상작 전시 도록

하남국제청년작가전 초대

"이동운이 사진으로 기록하는 것은 학생 수 10명 이내의 시골분교이다. 그의 정형화된 기념사진 작업은 심화되는 농촌의 소외현상을 객관화한다. 1960년대에 시작된 이농 현상과 도시집중 현상이 이제 끝에 다다랐음을 냉정하게 시각화한다."

2002 하남국제사진페스티벌 〈국제청년작가전〉의 전시 도록에 있는 글이다. 당시 운영위원인 최봉림 교수의 '역사와 함께하는 사진, 사진과 함께하는 역사'라는 전시평론에서 〈시골분교〉를 소개한 내용이다. 〈시골분교〉를 통해 이야기하고 싶었던 사회적 가치를 정확하게 표현하였다.

〈시골분교〉는 이농 현상을 사진으로 고발하고 있다. 20년 전 폐교 원인은 이농 현상이었다. 농어촌을 떠나 도시로 이동하는 현상이었다. 당시 사회적 이슈였다. 지금은 저출산과 고령화가 사회적 문제이다. 인구소멸을 걱정할 정도도. 반면에 경쟁 위주의 도시 생활에 염증을 느낀 학부모들이 자녀를 시골분교로 전학시키는 현상도 나타난다. 이렇게 시골분교는 사회 현상의 단면을 보여 주고 있다.

하남국제사진페스티벌은 2002년에 하남시가 지역 문화 육성 및 한국 사진의 새로운 계기를 마련하겠다는 의지로 만든 사진 축제였다. 행사는 기획 전시로 〈국제청년작가전〉과 〈시민가족사진전〉이 개최되었다. 국제청년작가전은 만 40세 미만의 개성과 가능성 있는 국내 작가 11명과 해외 작가 13명으로 초대작을 구성하였다.

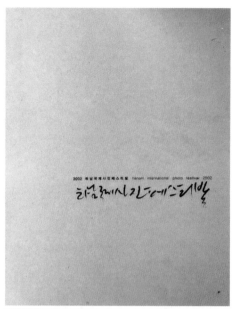

2002 하남국제사진페스티벌 도록

당시 하남국제사진페스티벌은 화제였다. 하남국제사진상의 첫 번째 수상자로 김아타 작가가 선정되었기 때문이었다. 김아타 작가는 국내뿐만 아니라 국제적으로도 명성을 날리고 있었다. 김아타 작가가 수상자로 선정되고, 전시회가 열렸다는 점에서 지역의 사진 축제를 넘어섰다는 평가를 받았다.

사진비평상을 수상한 이후에는 찾는 곳이 많았다. 아직 부족함을 알기에 겸손하려고 노력하였다. 실력을 쌓은 후에 드러내도 늦지 않다고 생각하였다. 대신에 시골분교 사진을 마무리하는 데 시간을 할애하였다. 그렇지만 하남국제청년작가전만큼은 참가하고 싶었다. 작가로서 한 단계 도약하는 기회라고 여겨졌다. 하남국제청년작가전에 초대되었던 경험은 잊을 수 없는 소중한 추억으로 남아 있다.

사진기획자의 경험

> "작가는 자신이 요구하는 한 장의 사진을 선택하기 위해서 수많은 양의 사진을 촬영하고, 나머지 사진을 배제하는 과정을 거쳐 최종적으로 만족하는 사진을 얻는다."

처음 기획을 맡은 사진전 〈The Selection〉의 전시 서문에서 사진예술의 특징을 표현한 글이다. 이어 "회화, 조각을 비롯한 대부분 예술은 무에서 유를 만들어 가는 과정이다. 반면에 사진은 얼마나 잘 버리는가가 중요한 문제이다. 사진을 뺄셈의 예술이라고 하는 이유도 여기에 있다."라고 덧붙였다.

2002년은 참으로 많은 일이 있었다. 사진비평상 수상, 하남국제청년작가전 초대에 이어 사진전 기획을 맡게 되었다. 매년 대학원에서 개최하는 그룹전이었다. 사진 기획에도 관심이 많았던 나에게 역할이 주어졌다. 기획자의 경험도 의미가 있다고 생각하였다. 처음이라 부담스러웠다. 하지만 대학원생들과 상의하면서 준비하였다. 재학생을 중심으로 총 16인의 작가가 참여하였다.

전시 기획은 주제 선정이 중요하였다. 2002년은 월드컵축구와 함께 관심은 온통 대통령 선거였다. 대통령 선거와 연결된 메시지면 어떨까? 사진과 선거가 맞닿아 있는 지점은 무엇인가? 이런 고민 끝에 얻은 주제는 '선택'이었다. 선거도 누구를 선택하느냐 하는 문제이다. 사진도 촬영한 것에서 어떤 것을 선택하느냐가 중요하다는 점이다.

선택은 작업 과정에서도 계속된다. 촬영과정에서 프레임 안에 담길 것, 걸쳐 있을 것, 배제될 것을 고려해야 한다. 대상에 대해 촬영자의 위치, 앵글의 변화 등을 이용하여 원하는 화면을 얻는다. 좋은 화면을 얻기 위해 불필요한 요소를 제거해야 한다. 스마트폰에서 사진을 편집하는 것도 같은 맥락이다.

전시에서도 선택적 요소가 많다. 작품 제목, 텍스트 기입, 공간 배치, 작품 크기와 높이, 작품 간의 간격, 액자 형태 등이 해당이 된다. 사소한 것 같지만 작은 선택이 전시의 성패를 가른다.

전시 오픈 행사가 있던 날이 기억에 남는다. 대통령 선거 전날이었다. 전시 뒤풀이 장소에서 단일화로 양보했던 정몽준 후보의 단일화 파기 선언 뉴스를 접하였다. 예상치 않은 뉴스라서 상황이 또렷하게 기억이 난다. 다음날에는 패배를 예상했던 노무현 후보가 대통령에 당선되는 반전이 일어났다. 처음 경험한 사진 기획은 소중한 경험이었다. 대통령 선거라는 역사적 상황도 잊지 못할 장면으로 남아 있다.

' The Selection '

전을 제안하며

이 동 윤

2002년 12월. 세상의 모든 관심은 대통령 선거이다. 사람들도 만나면 선거 이야기부터 꺼내고, 언론에서도 대선에 관한 기사가 대부분이다. 모방송국의 선거방송 타이틀과 같이 대통령선거를 한마디로 말하면 '선택'이라 할 수 있다. 결국 누구를 선택하느냐 하는 문제이다. 이러한 '선택'이라는 문제에 대해 대통령선거의 시기에 갖게 되는 전시를 통해 사진과 연관을 지어 이야기하는 것도 의미가 있다고 생각된다. 우리는 일상생활에서 무엇을 선택해야 하는 경우가 무수히 존재한다. 하지만 여기서 다루려고 하는 것은 사진과 관련된 선택의 의미들이다. 특히 전시공간에서 적용되는 여러가지 선택적 요소들이다.

우리는 전시장에서 사진작품 자체만을 보는 경우가 대부분이다. 조금 자세히 본다면 프린트 기법 정도이다. 하지만 전시공간에서 작가들이 실현하는 많은 선택적 요소들을 좀더 자세히 관찰한다면 더욱 의미 있는 전시가 되지 않을까. 또한 작가들 역시 작품 자체도 중요하지만, 전시를 위해 선택해야 하는 다른 여러 사항에 대해서도 많은 비중을 두어야한다. 특히 최근 예술의 형태가 디스플레이 요소들이 더욱 중요하게 인식되고 있는 추세인 만큼 그 필요성은 더욱 크다고 하겠다.

우선 전시에서 작품의 선택에 관해 생각해 보자. 다수의 작가들이 참여하는 그룹전 형태의 사진 기획전은 주어진 공간의 한정으로 인해 작가마다 작품의 수가 제한될 수밖에 없다. 따라서 작가의 의도를 잘 드러낼 수 있는 작품을 얼마나 적절히 선택하는가 하는 문제가 가장 중요한 사항이다. 이러한 문제는 전시뿐만 아니라 사진예술의 특징에서도 잘 나타난다. 회화, 조각을 비롯한 대부분의 예술분야는 무에서 유를 만들어 가는 과정인 반면, 사진은 좋은 선택을 위해 나머지를 얼마나 잘 버리는가가 중요한 문제이다. 사진을 뺄셈의 예술이라고 하는 이유도 여기에 있다. 즉 작가는 자신이 요구하는 한 장의 사진을 선택하기 위해서 수많은 양의 사진을 촬영하고, 이후 나머지 사진을 배제하는 과정을 거쳐 최종적으로 만족하는 사진을 얻는다.

2002 'The Selection' 사진기획전 전시 도록

멈춰버린
사진작가의 꿈

"멈춰버린 꿈, 지나가버린 꿈, 이 비가 그치면 괜찮아질까요?"

영화 〈사랑은 비가 갠 뒤처럼〉의 명대사이다. 나가이 아키라 감독의 일본 영화이다. 일본에서는 2018년에 제작되었고, 국내에는 2019년에 개봉되었다. 대사를 떠올리는 이유가 있다. 20년 전의 처지와 너무 비슷해서다. 5년간 사진에 빠졌다가 멈춰버린 사진작가의 꿈을 대변하는 것 같다.

영화 줄거리는 대략 이렇다. 아키라는 육상부 에이스였다. 예상치 못한 부상으로 달리는 꿈을 잃는다. 재활 훈련 대신 패밀리 레스토랑 아르바이트를 시작한다. 매일 성실하게 사는 점장 '콘도'의 친절함에 반한다. 콘도도 재기발랄한 젊음의 아키라가 눈에 들어온다. 어느새 잊고 지냈던 자신의 꿈과 마주한다.

마음에 와닿는 대사가 또 있다.

"함께 보낸 소중한 시간은 세월이 흘러도 절대 사라지지 않는 것 같아. 네가 그렇게 정했다면 언젠가 그리운 추억으로 떠오르게 될 거야. 하지만 단순히 포기한 거라면 평생 멈춰버린 그대로 있을 수도 있어."

사업 실패로 인한 경제적 어려움

30대에 모든 것을 걸었던 사진이었다. 하지만 끝내 포기하고 말았다. 경제적 이유였다. 아내와 운영한 커피숍이 잘되지 않았다. 처음은 그런대로 잘되었다. 모교인 대학가 앞에 위치해 지인들이 찾아준 덕이었다. 1년 뒤부터 양상이 달라졌다. 한 달 내내 운영하면 월세 내기도 벅찼다.

경험 없이 시작한 탓이었다. 커피숍은 쉽다고 생각한 것이 오산이었다. 쉬는 날 없이 밤늦게까지 일하는 것이 어려웠다. 가끔 갖는 휴일은 마음이 편치 않았다. 대학원 수업과 사진 촬영하는 날은 아내가 온종일 일하였다. 당시는 커피숍에서 손님이 담배를 피웠다. 담배 연기를 맡으며 일하는 아내가 안쓰러웠다. 첫째 아이가 늦어진 것도 이 때문이었다.

개업한 지 2년 반 만에 가게를 정리하였다. 과정도 만만치 않았다. 장사가 안 되니 인수하겠다고 나서는 사람이 없었다. 피를 말렸다. 광고비도 제법 나갔다. 다행히 단골손님 중에서 사주카페를 하겠다는 사람이 나타났다. 그나마 천만다행이었다.

커피숍을 정리하고 다른 사업을 준비하였다. 사진을 계속하려면 마땅한 대안이 없었다. 사업을 제안한 지인이 있었다. 해볼 만하다는 생각이 들었다.

당시 유행이었던 쥬얼리숍이었다. 가게는 신림역 근처였다. 롯데백화점에서 신림역으로 가는 길목의 패션 거리에 있었다. 위치도 좋았다. 가격도 괜찮았다. 있는 자금을 모두 끌어모았다. 살던 전세도 낮추어 사업자금에 보태었다.

14 · 18K 제품을 파는 업종이니 매출도 제법 높았다. 아담하고 깔끔한 가게에서 판매하는 일이라 커피숍보다 수월하였다. 집도 가게 근처여서 아내와 교대하면서 일하기가 편하였다. 결혼한 지 4년 만에 첫째 아이가 태어났다.

하지만 아이 출생의 기쁨도 잠시였다. 갈수록 매출이 줄었다. 주변에 더 큰 매장이 생겼다. 패션 거리도 생각보다 활성화되지 못했다. 금제품이니 비용이 만만치 않았다. 자금난에 허덕였다. 악순환이었다. 자구책으로 일반 패션상품 판매를 겸하였다. 새벽에 동대문과 남대문시장에서 팔 상품을 구입하였다.

패션상품을 겸하는 것도 도움이 되지 못하였다. 더는 버틸 수 없었다. 빚이 너무 늘어서 감당이 안 되었다. 사업을 중단하기로 하였다. 가게를 내놓았다. 위치가 좋아 금방 나갈 줄 알았다. 이마저도 쉽지 않았다. 시간이 꽤 지나 자포자기 상태에서 어렵게 정리되었다.

사진에 대한 결단이 필요했다. 경제적으로 너무 어려웠다. 다양한 시도를 해보았지만 소용이 없었다. 자금난 앞에서는 감당이 안 되었다. 눈물을 머금고 포기할 수밖에 없었다. 사진비평상, 하남국제청년작가전, 사진기획자 경험을 거치며 꿈꿔 왔던 사진작가의 꿈은 이렇게 멈춰버렸다.

사진을 그만두게 된 결정적인 사건

사진을 그만두게 된 결정적 사건이 경제적 이유 말고도 또 있었다. 예술가의 길이 그런 것 아니겠는가? 배고픈 예술가라는 말이 있지 않은가? 모르고 시작한 것도 아니다. 그래서 어떻게든 버티려고 노력했다.

시골분교 작품 이후 후속작도 중요하였다. 첫 번째 사진이 주목을 받은지라 부담이 되었다. 당시 활발하게 진행되고 있는 재건축 현장을 주제로 하면 어떨까 하는 생각이었다. 현장의 변화 과정으로 다양한 콘셉트를 만들어 가려고 하였다. 시골분교의 이농 현상이라는 메시지와 연결성도 좋다는 판단이 들었다.

여기서 사건이 벌어졌다. 촬영 과정에서 일어났다. 잠실 올림픽공원 앞 재건축아파트 현장 촬영에서였다. 현장을 촬영하기 위해서는 근처 고층 오피스텔 건물에 올라가야 했다. 관리사무소에 허락을 받았다. 카메라 배낭을 뒤에 메고 30층이 넘는 외벽 사다리를 타고 올라가고 있었다.

이게 웬일인가? 배낭 안에 있던 대형카메라가 아래로 떨어진 것이다. 날 벼락이었다. 배낭을 제대로 잠그지 않은 것이다. 카메라가 어떻게 되었을까만 생각이 났다. 재빨리 내려와 보니 산산조각이 났다. 그야말로 머릿속이 하얗게 변하였다.

이게 무슨 운명의 장난이란 말인가? 경제적 어려움을 새로운 작품으로 이겨내려는 몸부림이 날아가 버리는 기분이었다. 사진을 그만두라는 계시 같았다. 경제적 어려움보다 더 크게 느껴졌다. 어쩌면 이 사건이 사진을 그만두게 된 결정적인 이유였을지 모른다. 남은 기력마저 무너져버린 너무도 아픈 사건이었다.

죄송한 분들이 너무도 많다. 나를 아껴주시고 작가의 길을 가르쳐 주신 최병관 교수님께 죄송하다. 언제나 작품에 대한 격려와 조언을 아끼지 않아 주셨던 최봉림 교수님께도 면목이 없다. 어려울 때마다 지원을 해주시고 자식이 잘되길 바랐던 부모님께도 죄송하다. 무엇보다 어려워도 묵묵히 따라와 주었던 아내에게 미안하고 고마울 따름이다.

제일 미안한 것은 나 자신이다. 잘했으면 어땠을까 하는 회한도 남는다. 그 이후로는 완전히 다른 삶을 살았다. 영화 대사처럼 "단순히 포기한 거라면 평생 멈춰버린 그대로 있을 수도 있다"라는 말이 떠오른다. 좋았던 추억이든, 어려웠던 추억이든 그 자체가 나의 인생이다. 한참이 지났다. 20년이다. 이제는 지난 시절의 추억을 소환하는 것만으로도 나의 존재 이유를 발견하게 된다.

20년 후
다시 태어난 책

누구나 간직하고 있는 추억이 있다. 시간이 지나면 서서히 잊혀간다. 예전과 비슷한 장면을 보면 문득 생각이 난다. 날씨가 비슷하면 냄새가 기억을 상기시킨다. 당시에 들었던 노래가 나오면 상념에 젖는다. 그렇게 추억은 우리 마음 한쪽에 자리 잡고 있다.

누구나 한때 무언가에 빠진 적이 있다. 취미, 여행, 사랑, 공부 등 저마다 다양하다. 그것이 잘되어 삶 자체일 수 있다. 나를 지탱하는 힘이 되기도 한다. 하지만 벽에 부딪혀 멈춘 경험이 더 많았을 것이다. 그런 경험이 많아지면 점점 왜소해지기도 한다.

포기한 꿈은 아쉬움으로 남는다. 한때 경험으로만 치부하기에는 미련이 크다. 어떤 형식이든 남기고 싶다. 누구에게든 이야기하고 싶다. 인정받고 싶은 욕구도 있다. 번듯한 방식이었으면 한다. 예술적 형식을 빌려 표현될 수 있다면 더 좋다.

누구나 책 쓰기에 도전하는 시대다

나만의 추억을 기록하는 데는 책 쓰기만 한 게 없다. 책 쓰기의 힘은 대단하다. 나 자신을 바꾸는 계기가 된다. 나만의 브랜딩을 할 수 있다. 성공적인 인생을 만든다. 멋진 삶을 사는 첫걸음이 될 수 있다.

요즈음은 책 한 권 쓰기가 버킷리스트인 사람이 많다. 한 번쯤은 시도해 보고 싶어 한다. 예전에는 전업 작가들의 고유 영역이라고 생각하였다. 시대가 달라졌다. 다양한 방식으로 책 쓰기에 도전하는 사람이 많다.

최근 대학 강의 수강생들에게 설문 조사를 한 적이 있다. 67.7%가 대학생 시절에 책 한 권 쓰고 싶다고 대답했다. 93.5%는 대학생 시절에 책 쓰기를 쉽게 할 수 있다면 도전하겠다고 답변했다. 누구나 쉽게 책을 쓸 수 있다면 책 쓰기에 도전하고 싶다는 것을 확인할 수 있었다.

어르신들도 책 쓰기에 도전한다. 여러 지방자치단체에서 시도하고 있다. 아산시에서 근무할 때 어르신들의 자서전 사업을 추진한 적이 있다. 당시 이동순 온양4동장이 마을 어르신들의 인생 이야기를 듣고 시작하였다. 기록으로 남기면 좋겠다고 생각하였다. 지역 동화작가와 만 65세 이상 어르신 10명을 대상으로 자서전 제작 프로그램을 진행하였다.

'돌아보니 황금빛 내 인생이어라'라는 출판 기념회가 있었다. 작가인 어르신들 모두 눈물을 지었다. 인생의 흔적을 책으로 남긴 기쁨이 아니겠는가? 참가자도 함께 울었다. 감동 그 자체였다. 인생을 매듭지어 가는 길목에서 보여준 어르신들의 도전이 너무 아름다웠다.

시골분교, 책으로 다시 태어나다

'책으로 다시 태어나다.' 이 말을 떠오르게 하는 책이 있다. 바로 수잔 손탁의 《다시 태어나다》이다. 이 책은 수전 손탁의 생전 일기와 노트를 엮은 책이다. 1947년부터 1963년 사이의 일기로, 14세에서 30세 간 기록이 담겨 있다. 수전과 필립 사이의 아들 데이비드 리프가 이 책의 편집자다. 아들에 의하여 수전 손택의 내밀한 기록이 책으로 다시 태어난 것이다.

이 책 《나만의 스토리로 책 쓰기에 도전하라》는 멈춰버린 사진작가의 꿈이 책으로 다시 태어나는 이야기다. 20년 전을 기억하기는 다소 무리가 있다. 그래서 사진 속 시골분교를 다시 찾았다. 과거를 기억하고, 현재와 비교하기 위해서였다. 이 책은 20년 만에 다시 찾은 추억의 시골분교 여행기다. 지나온 과거를 되돌아보는 추억의 여정이기도 하다.

언젠가는 개인 사진전만큼은 꼭 하겠다는 마음으로 아쉬움을 달래 왔다. 그 구상을 책 쓰기로 대신한다. 책 쓰기는 한 번에 끝나는 전시회와는 다르다. 내가 사라진 후에도 계속 남아 있다. 전시회라는 작은 공간도 뛰어넘는다. 누구든 가리지 않고 만날 수 있다. 어디서든 장소의 구애를 받지 않는다. 시공간을 뛰어넘는다.

좀 더 일찍 책 쓰기를 했더라면 하는 아쉬움도 담겨 있다. 사진과 책이 어우러졌다면 어떠했을까? 이 시대, 책과 유튜브를 연결하듯 말이다. 촬영일지라도 썼으면 얼마나 좋았을까? 어떤 형태든 글을 남기지 못한 것이 후회로 남는다.

다행히 소중히 남긴 자료가 위안이 되었다. 버리지 않고 보관한 것이 큰 자산이 되었다. 필름은 물론 아주 사소한 것까지 남겨 두었다. 이사할 때마다 가장 좋은 자리에 보관하였다. 책 쓰기의 크나큰 동기가 되었다. 무언가에 빠져 남긴 흔적이 책이 될 수 있음을 보여준다.

이 책은 나만의 스토리로 책을 쓰는 사례를 보여 준다. 그 어떤 경험도 책이 될 수 있음을 제시한다. 또한 시간을 넘나드는 상념으로 안내한다. 그 시절을 생각하면서 타임머신을 타고 간 것만 같다. 추억으로 책 한 권 쓰는 작업은 나를 다시 발견하게 된다.

누구나 간직하고 있는 추억을 끄집어내어 책 쓰기에 도전해 보자. 나만의 추억이 새로운 스토리로 탄생할 수 있다. 자신에게는 성장의 계기가 될 수 있다. 다른 사람에게는 희망을 줄 수 있다. 나에게는 자신감을 주고, 다른 사람에게는 삶의 동기가 된다면 이 얼마나 가치 있는 일인가?

그러면 이제부터 20년 전으로 추억의 시골분교 여행을 떠나보자. 그리고 20년이 지난 시골분교가 지금은 과연 어떻게 변하였는지 확인해 보자.

제2장

가장 기억에 남는 게 글쓰기가 되다

전교생이 한 명인 학교
기화분교

"학교 운동장에서 뛰어놀던 어린 학생들은 수십 년의 시간 속에 저마다의 다른 삶을 살아왔지만, 학교에 들어서는 순간 친구들과 함께했던 순간들이 기적처럼 떠오릅니다."

MBC 무한도전
– 어느 멋진 날 편

2017년 방영된 MBC 〈무한도전-어느 멋진 날〉 편에서 가장 인상적이었던 대목이다. 이 대사는 방송에서 주민들을 분교에 초대하는 장면에서 나온다. 주민 대부분이 분교 졸업생들이다. 분교에 들어오자마자 모두 복도에 걸려있는 졸업사진에 온통 시선이 쏠린다. 자신의 어린 시절 모습을 보는 것만으로 즐겁다. 아직 어렸을 적 모습이 보인다는 말에 쑥스러워한다. 오랜만에 사진을 보면서 어렸을 적 추억을 소환한다.

방송에서 유재석은 녹도분교의 선생님으로 나온다. 배우 서현진도 출연한다. 방송 마지막에 '녹도초등학교 동문의 밤'이 개최된다. 주민들과 흥겨운 녹도의 밤을 보낸다. 최근 시골분교를 소재로 한 예능 프로그램이 제법 많이 방영된다. 그 중 옛 추억을 떠올리면서 재미있게 본 방송 중 하나이다.

시골분교의 첫 번째 여행에서 이 프로그램을 소개하는 이유가 있다. 촬영지였던 충남 보령에 있는 녹도분교의 특별함 때문이다. 방송 당시에 녹도분교의 유일한 학생은 찬희(8살) 한 명뿐이었다. 그 외에 어린이는 오빠를 껌딱지처럼 붙어 다니는 동생 채희(5살) 양이 있었다.

녹도분교에는 남다른 사연이 있다. 전국 최초로 폐교되었다가 학교 교육이 재개된 곳이다. 이미 학생 수 감소로 2006년에 폐교되었지만 2017년 3월에 호도분교 녹도학습장으로 다시 개교가 된 것이다. 그것은 바로 단한 명의 입학생이었던 류찬희 군을 위해서였다.

학교가 다시 열리게 된 데는 찬희 군의 아버지 역할이 컸다. 목회를 위해 섬으로 들어오면서 그 노력이 시작되었다. 자녀가 인근 섬마을 학교로 통학해야 하는 어려운 현실을 해결하기 위해 동분서주 뛰었다. 특히 아버지의 간절한 편지가 충남교육청 김지철 교육감의 마음을 움직인 것으로 전해져 감동을 주기도 하였다.

이후 김지철 교육감의 적극적인 검토 지시로 마침내 빛을 보게 된 것이

다. 이는 경제적 효율성보다 한 학생도 포기하지 않는 평등한 교육을 실천
하겠다는 의지가 있었기에 가능한 일이었다. 이로써 녹도분교는 폐교된
지 10여 년 만에 다시 문을 열게 되었다. 지금은 초등학생 4명과 교사 3명
이 있는 어엿한 학교로 성장하였다. 병설 유치원도 개교하여 유치원생 4
명도 재학 중이다.

가장 기억에 남은 시골분교는 어디일까?

20년 전에 방문했던 시골분교는 어느 하나 빼놓을 수 없는 소중한 추억
으로 남아 있다. 모두가 잊을 수 없는 기억들이다. 그래도 하나를 꼽으라
면 역시 전교생이 한 명뿐이었던 강원도 평창의 기화분교이다.

녹도분교처럼 전교생 한 명이라는 사실이어서 더욱 그렇다. 전교생이 한
명이라면 누구나 놀라워한다. 진짜인지 의심하기도 한다. 전교생 한 명인
분교를 직접 방문하면서 아이에게 느꼈던 기억은 잊을 수가 없다. 혼자라는
안쓰러움일까? 아니면 마지막까지 분교를 지켜주고 있다는 대견함일까?
뭔지 모를 복합적인 감정이 들었다.

아이에게 궁금한 것이 너무도 많았다. 언제부터 전교생이 한 명이었는지?
한 명만 남았을 때 기분은 어떤지? 선생님께서는 수업을 어떻게 진행하는
지? 친구들이 없어서 외롭지는 않은지?

20년 전 기화분교 전교생 한 명

강원도 평창군 미탄면 기화리 미탄초등학교 기화분교
촬영일 2001. 6. 24

만약에 지금 다시 만난다면 꼭 묻고 싶은 것도 있다. 어렸을 적 혼자 생활했던 초등학교 생활이 인생에 어떤 영향을 미쳤는지? 아무나 겪을 수 없는 어린 시절의 경험이 살아가면서 어떤 도움이 되었는지? 이렇게 전교생 한 명이라는 사실은 우리에게 여러 가지를 생각하게 한다.

기화분교의 유일한 학생은 6학년 여학생이었다. 이 여학생이 졸업한 해인 2002년 3월 1일에 폐교가 되었다. 20년 전 촬영일은 2001년 6월 24일이었으니. 방문한 지 8개월 후에 폐교가 된 것이다.

분교에 도착해서 사진촬영을 마치고 여학생에게 물었다. "친구도 없이 혼자 학교에 다녀서 외롭지는 않니?" 여학생은 "그래도 1주일에 한 번은 미탄초등학교로 가서 수업을 들어 괜찮아요. 그리고 선생님께서 너무 잘해주셔서 외롭지 않아요"라고 대답하였다.

명랑한 학생이었다. 혼자라도 전혀 쓸쓸해 보이지 않았다. 오히려 의젓함이 느껴졌다. 20년이 지난 지금도 아이의 모습이 또렷하다. 그만큼 처음 경험한 전교생 한 명은 강한 기억으로 자리 잡고 있다.

20년 만에
기화분교를 다시 찾다

기화분교는 강원도 평창군 미탄면 기화리에 있다. 평창읍에서 정선읍 방향으로 가는 42번 국도를 따라갔다. 정선 방면으로 3km 이동한 후 백운 삼거리에서 우회전하여 평창 마하생태관광지 방면을 향하였다. 주변 경치가 빼어났다. 동강도 약 3km 거리에 있었다. 자연의 아름다움을 만끽하는 드라이브 코스가 이어졌다.

기화리에는 재치산(751.8m)이 유명하다. 형상이 코끼리를 닮아 '코끼리산'이라고도 부른다. 산에 있는 '코끼리바위'가 특이하게 생겼다. 이 지역은 최근 국가지질공원으로 선정될 정도로 석회암으로 이루어졌다. 기화분교는 재치산에 코끼리바위가 보이는 바로 앞에 있다.

분교는 어떤 모습으로 남아 있을지를 상상하면서 분교에 도착하였다. 인터넷 지도상에는 건물이 보이지 않았지만 직접 확인하고 싶었다. 역시 분교는 존재 자체가 없었다. 허전함은 말로 표현할 수가 없었다. 폐교 안내판조차 보이지 않았다. 다만 덩그러니 있는 이승복 동상을 비롯한 몇 개의 조각만이 여기가 분교 자리였음을 알게 해줄 뿐이었다.

주변에 집들이 간혹 보였다. 몇몇 분들은 농사일에 여념이 없었다. 이분들이 옛 교정에 밭을 갈아 사용하는 듯 보였다. 잠깐 분교 자리를 둘러보았다. 그나마 남은 동상과 조각상들이 더욱 외로워 보였다. 20년 만에 다시 찾은 전교생 한 명의 기화분교 방문은 이렇게 아쉬움만 남긴 채 발길을 돌릴 수밖에 없었다.

전교생 10명 이내의 시골분교가 가장 많은 지역은 강원도이다. 산골 오지에 있는 학교가 많기 때문이다. 당연히 폐교되는 학교가 많을 수밖에 없다. 그러다 보니 폐교 이후 활용도 쉽지 않았을 것이다.

20년 후에 시골분교를 다시 방문했을 때, 강원도에 있는 분교가 유독 교정이 없어진 경우가 많았다. 그중 한 곳이 기화분교라는 점도 더욱 안타까운 일이었다. 그 자리에 분교가 있었음을 알리는 안내판이라도 있었으면 어땠을까 하는 아쉬움이 남는다. 한때는 아이들이 뛰어놀며 꿈을 키웠던 소중한 장소가 아니었던가? 주민들에게는 마을을 지탱해주는 든든한 안식처였을 텐데 말이다.

20년 후 지금의 기화분교

강원도 평창군 미탄면 기화리 옛 기화분교 자리
촬영일 2022. 7. 24

또 하나의 전교생 한 명
어의분교

전교생 한 명인 학교가 또 하나 있다. 경상남도 통영시 용남면 어의리에 있는 어의분교이다. 어의분교는 20년 전인 2002년 4월 8일에 촬영하였다. 홀로 남은 학생도 역시 6학년 여학생이었다. 이 여학생이 졸업한 해인 2003년 3월 1일에 폐교가 되었다. 방문한 지 1년 후에 폐교가 된 것이다. 우연히 두 학교 모두 폐교 바로 직전에 방문하였던 것이다.

분교 운동장의 푸른 잔디밭이 인상적이었다. 포근한 정원의 앞마당 같았다. 교정이 갤러리 같은 느낌도 들었다. 여학생은 수줍음을 많이 타는 학생이었다. 하지만 누구도 겪기 힘든 전교생 한 명이라는 환경 때문인지 이 여학생 또한 의젓해 보였다. 어의분교에서 혼자 남은 여학생과 아이 옆에 있는 강아지와 함께 찍은 사진은 최고의 한 컷이었다.

20년 전 어의분교 전교생 한 명의 모습

경상남도 통영시 용남면 어의리 원평초등학교 어의분교
촬영일 2002. 4. 8

통영 북쪽의 작은 섬, 어의도

어의분교가 위치한 어의도松義島는 경상남도 통영의 570개 섬(유인도 44개) 가운데 가장 북쪽에 있다. 전형적인 어촌마을이다. 대략 34가구에 30명 정도가 거주한다. 섬의 형세가 바다 위의 배艃와 같다. 배가 나아가기 위해 노를 저으면 '어의여차' 소리를 낸다고 하여 불리었다. 조선 초기 옛 지명인 어리도가 어의도로 변하였다.

예전에는 부자 섬마을이었다. 30년 전인 통영군 시절이다. 피조개 종패 사업으로 제법 수익이 났다. 피조개 종패가 돈벌이가 된다는 소문이 퍼졌다. 인근 섬마을에서 너도나도 종패사업을 시작하였다. 90년대 중반 이후 주민들은 종패사업을 접었다. 대신 '건망'으로 눈을 돌렸다. 섬마을 주민들이 이때부터 확연히 감소하였다. 여전히 그 시절이 그립다.

어의도에는 우물과 관련한 전설이 전해진다. 지금도 마을 중앙에 우물이 있다. 옛날엔 우물가에 아주 오래된 큰 구기자나무가 있었다. 마을 사람들은 뿌리에서 나온 약물을 먹고 키가 컸다. 힘도 무지 셌다. 장수하는 사람이 많았다. 그런데 1904년(갑진년) 태풍으로 구기자나무가 유실되었다. 이때부터 힘센 장사나 장수하는 사람이 나오지 않았다. 재미있는 전설이다. 지금의 어의도의 처지를 대변하는 것 같아 쓸쓸하기도 하다.

20년 만에
어의분교를 다시 찾다

한려수도 여행은 언제나 즐겁다. 바다를 끼고 달리는 드라이브 코스가 최고다. 부산 가덕도와 거제도 사이를 잇는 해저터널을 지났다. 말로만 들었던 해저터널을 직접 지나 보니 감탄이 절로 나왔다. 두 개의 사장교를 지나는 도로가 개통되면서 1시간 정도 시간이 단축되었다.

어의도로 가는 교통편은 통영보다 거제도가 더 편하였다. 섬을 오가는 배는 거제 성포항에서 출발하였다. 하루 3회 운행하고 있었다. 성포항에서는 어의도로 가는 선착장을 한참 찾았다. 컨테이너 박스 같은 작은 매표소여서 찾기가 어려웠다. 배도 여객선인 줄 알았는데 작은 어선이었다.

출발을 알리는 갈매기가 날갯짓을 하면서 천천히 배가 출발하였다. 바다에 있는 굴 양식 부표가 바둑돌처럼 배열되어 있다. 군데군데 보이는 주황색은 조형미를 더해 주었다. 작은 배라서 그런지 속도감이 느껴졌다. 이름도 특이한 쳉이섬에 잠시 정착하였다. 이내 출발하여 20분 만에 어의도에 도착하였다.

어의도는 2개의 섬이 있다. 두 섬이 하나로 연결되었다. 큰형과 작은형이 사이좋게 이어진 우정 어린 섬처럼 느껴졌다. 바다 어귀에는 30여 채의 집이 보였다. 배에서 내려 보니 사람 사는 집보다 빈집이 더 많아 보였다.

분교 자리에 가서는 허망함이 밀려오기는 마찬가지였다. 칡넝쿨로 뒤덮여 존재를 찾을 수가 없을 정도였다. 칡넝쿨 사이 뒤쪽에 보이는 낡은 지붕과 이순신 장군 동상이 분교 자리임을 짐작할 수 있었다. 안타까움은 말로 표현할 수 없었다. 배를 타고 머나먼 길을 찾아온 터라 허전한 마음이 두 배였다.

근처에서 만난 주민들에게 왜 이렇게 되었는지 물었다. "폐교되고 잠간 태풍의 피신처로 주민들이 살았지만 이후 방치되었어요. 겨울에는 칡넝쿨이 없어져 그나마 학교가 보여요. 노인들만 있어서 칡넝쿨을 관리할 엄두가 나지 않아요. 누구라도 매입해서 제대로 운영하면 좋겠어요."라며 안타까워했다.

그분들에게 20년 전 분교 사진을 보여 주었다. 사진 속 아이를 대번에 알아보았다. 이름도 기억하고 있었다. 지금은 어엿한 두 명의 아이 엄마로 통영에 산다고 하였다. 그 말을 들으니 흐뭇한 미소가 지어졌다. 다만 아이와 함께 어우러졌던 예쁜 교정을 볼 수 없다는 점이 아쉬울 뿐이었다.

언젠가 교정이 보이는 겨울날의 학교 모습을 한 컷 찍고 싶었다. 다시 찾고 싶은 마음을 간직하면서 어의도를 떠났다.

20년 후 지금의 어의분교

경상남도 통영시 용남면 어의리 옛 어의분교
촬영일 2022. 7. 26

시골분교 사진 중 가장 예쁜 학교
와도분교

시골분교 사진 중에서 가장 예쁜 학교를 꼽으라면 단연 와도분교이다. 블로그, 페이스북, 카카오톡 대문 모두에 걸 정도이다. 교실이 동화 속 집과 같다. 주변 풍경이 아기자기한 정원처럼 보인다. 뒤에 보이는 야자수는 이국적 느낌을 준다. 중간에 휘날리는 태극기가 그 중심에 있다. 아이들과 어우러진 교정은 한 폭의 그림과 같다.

와도분교 사진은 색다른 점이 또 있다. 시골분교 사진 속 아이들은 모두 남다르다. 한 명 한 명이 연예인 뺨치는 모델 같다. 최소한 나에게는 그렇다. 그중에서 유일하게 초등학생이 아닌 모델이 있다. 바로 와도분교 사진 중 한 명이다.

당시 전교생은 남학생 두 명이었다. 그런데 아직 입학하지 않은 여자아이가 자기도 찍겠다고 우는 바람에 어쩔 수 없이 촬영하였다. 그 사진을

20년 전 와도분교 전교생의 모습

경상남도 고성군 삼산면 두포리 삼산초등학교 와도분교
촬영일 2002. 4. 9

보면 예쁜 교정과 함께 세 명이 너무 잘 어울린다. 꼬마가 없었으면 허전했을 법하다. 와도분교 사진 속 아이들만 생각하면 지금도 흐뭇한 미소를 짓게 한다.

바다 위에 암소 한 마리가 누운 섬, 와도

와도마을은 1982년 고성군 삼산면 두포리豆布里 포교마을에서 분동이 되었다. 재미있는 전설이 전해진다. 지구가 생성될 때 암소 한 마리가 누워 잠을 자다가 깨어나지 못하고 섬이 되었다. 그래서 누운 섬臥島으로 불리었다고 한다.

포교마을에서 배로 5분 거리에 있다. 바로 눈앞에 보일 정도로 가까운 거리에 있다. 여객선은 없다. 낚싯배나 이장님 배를 이용해야만 한다. 섬 전체가 둥그스름한 실루엣을 지녔다. 앞쪽으로는 바위와 해안절벽이 없어 평범해 보인다. 반면에 한려수도를 끼고 있는 남서쪽은 수려한 모습을 담고 있다.

농산물은 주로 보리, 고구마 등을 생산한다. 수산물은 멸치, 붕장어, 볼락 등이 많이 잡힌다. 굴 양식도 활발하다. 한때 인구가 30여 세대에 80여 명이 거주하였다. 와도분교가 2003년 6월에 폐교되면서 인구가 계속 줄고 있다. 현재는 10명 정도의 주민이 육지를 오가며 살고 있다.

화려한 변신을 꿈꾸는 와도

지금 와도는 화려한 변신을 꿈꾸고 있다. 좋은 일이 생겼기 때문이다. 2021년에 경상남도 주관 '살고 싶은 섬 가꾸기' 공모에 선정된 것이다. '와도 와도 또 오고 싶은 와도!'라는 주제였다. 총 12개 섬이 신청하였다. 최종 고성군 와도와 통영시 추도가 선정되었다. 치열한 경쟁을 거쳐 선정되어 더욱 의미가 있다.

앞으로 3년간 30억 원의 사업비를 지원받는다. 와도만의 특징을 살린 체험, 치유, 힐링 콘텐츠를 개발할 계획이다. 미니 해수 물놀이장, 햇살과 해풍을 맞으며 이야기를 나눌 수 있는 캠핑장, 마을 카페 및 호텔, 특산물 판매장 등도 만들어 갈 예정이다.

와도는 다양한 관광자원을 보유하고 있다. 편백 및 대나무 숲, 고풍미가 있는 교회, 미 FDA에서 인증한 청정해역 등이 대표적이다. 여기에 마을 수국 꽃길, 달팽이 모양 행복 산책로 등이 있다. 주민들은 남해안 섬 관광의 명소로 자리매김하길 바란다. 일자리 창출과 인구증가도 함께 기대하고 있다.

20년 만에
와도분교를 다시 찾다

고성읍을 출발하여 와도로 향하였다. 삼천포 방향으로 77번 국도를 이용하였다. 고불고불한 해안도로를 따라갔다. 큰 섬, 작은 섬들이 오밀조밀하게 모여 있는 모습이 보였다. 조용한 어촌마을을 지나서 용호삼거리에 다다랐다. 도포 방면으로 좌회전하여 4.5km 정도 들어갔다. 사람을 보기 힘든 마을을 몇 개 지나서 목적지인 덕산마을 방파제에 도착하였다.

20년 전과 마찬가지로 여객선은 없었다. 사선을 타고 가야 했다. 마을 분들에게 부탁하였다. 금방 이장님께서 오셔서 배가 출발하였다. 뱃삯은 5만 원이었다. 20년 전은 만 원 안팎으로 기억된다. 전날 어의도로 가는 여객선의 10배다. 하지만 아깝지 않았다. 20년 만에 다시 찾은 추억의 여행길이었기 때문이다. 방문 자체가 즐거움이었고, 설렘이었다.

손 뻗으면 금방 닿을 것 같은 가까운 거리인데도 15분 정도 걸렸다. 섬마을에 집이 10채 남짓 보였다. 배에서 내리니 '와도 또 오고 싶은 섬'이라는 안내판이 선명히 보였다. 분교가 있었던 자리에 가보니 사진 속 예쁜 교정은 어디에도 보이지 않았다. 대신 이순신 장군 동상이 분교 자리를 지키고 있는 수호신처럼 서 있었다. 깨끗한 교적비가 예전에 와도분교의 위치였음을 알리고 있었다.

졸업생 75명 배출, 2003년 6월 12일에 폐교되었음을 기록하고 있었다. 와도분교를 20년 전인 2002년 4월 9일에 방문하였으니 방문한 지 약 1년 후에 폐교가 된 것이다. 교정이 조금이나마 남아 있을 줄 알았지만 흔적이 거의 보이지 않았다. 학교의 존재를 조금이나마 느낄 수 있는 것은 없는지 둘러보았다. 유일하게 예전 기숙사로 썼던 건물만이 남아 있었다. 교정이 있던 자리는 잘 정돈된 주민들의 휴식 공간으로 조성되어 있었다.

근처에 사는 주민과 대화를 나눌 수 있었다. 예쁜 교정이 언제 철거되었는지 물었다. 주민은 "폐교 후에도 건물이 남아 있다가 5년 전에 철거되었어요. 이제는 4~5채 가구만 남아 10명 정도가 섬에 살아요. 계속 사람이 빠져나가 걱정이 크네요."라고 말하였다. 하지만 관광과 신재생에너지에 총 54억 원이 지원되기 때문에 앞으로 좋아질 것이라는 기대감을 숨기지 않았다.

오빠들을 껌딱지같이 따라다녔던 여자아이가 생각나는 와도분교를 떠나 배로 향하였다. 앞으로 와도가 더욱 사랑받는 섬으로 변신하기를 기대해본다. 그리고 언젠가 멋진 섬으로 변신한 와도를 다시 찾고 싶은 마음을 간직하며 와도를 떠났다.

20년 후 지금의 와도분교

경상남도 고성군 삼산면 두포리 옛 와도분교 자리
촬영일 2022. 7. 27

풍랑으로 2박 3일을 머문 섬
매물도분교

사진 촬영을 하면서 2박 3일을 머문 섬이 있다. 바로 경상남도 통영에 있는 매물도이다. 풍랑으로 이틀 밤이나 잤다. 그것도 분교 교실에서 말이다. 선생님께서 배려해 주셨다. 촬영 과정에서 잊을 수 없는 추억이 남아 있는 분교를 꼽으라면 주저 없이 매물도분교를 꼽는다.

통영항에서 출발할 때부터 날씨가 심상치 않았다. 매물도분교는 2002년 3월 19일에 방문하였다. 촬영은 아내와 함께 갔다. 쉽게 갈 수 없는 곳이라는 생각으로 함께 촬영에 나섰다. 결혼한 지 3년 만에 다시 떠나는 신혼여행 같은 기분이었다.

6명의 매물도분교 아이들과 사진 촬영을 마치고 통영에 가는 배를 기다리고 있었다. 풍랑이 심해 배가 항해할 수 없다는 것이었다. 난감하였다. 다행히 분교 선생님께서 교실에 잠자리를 마련해 주셨다. 고마웠다. 뜻하지 않게 남해안 최남단 아름다운 섬 매물도의 분교 교실에서 잠을 자는 색다른 경험을 하게 되었다.

다음날도 날씨가 좋아질 기미가 보이지 않았다. 역시 배가 떠나지 못한다는 통보를 받았다. 선생님께서는 맘 편히 있는 게 낫다고 위로해 주셨다. 민폐라는 생각이었지만 어쩔 수 없었다. 섬마을 날씨라는 게 도무지 예측하기 어려우니 말이다.

선생님의 배려는 이뿐만이 아니었다. 바닷가에서 광어를 잡아 회를 떠 주시는 게 아닌가? 직접 바닷가에서 잡아 바로 먹는 회 맛은 아직도 잊을 수 없다. 지금도 아내는 회를 먹을 때마다 매물도에서 선생님이 잡아주신 광어가 세상에서 제일 맛있는 회였다는 말을 종종 한다.

다행히 다음날은 날씨가 좋아져 매물도를 떠날 수 있었다. 2박 3일을 머무는 동안 정이 너무 많이 들었다. 시간이 많으니 매물도뿐만 아니라 소매물도, 등대섬 등 곳곳을 다녀왔다. 풍경뿐만 아니라 아이들과 기념 촬영한 애틋한 사진이 많다. 지금도 그 사진을 보면서 흐뭇한 미소를 짓곤 한다. 풍랑이 오히려 매물도의 추억을 듬뿍 안고 간 선물 같은 시간을 내주었다.

한려수도의 비경을 품은 아름다운 섬, 매물도

매물도는 한려수도의 비경이 파노라마처럼 펼쳐지는 아름다운 섬이다. 한려해상국립공원으로 지정되어 있는 매물도는 통영에서 남동쪽으로

19.3*km* 떨어져 있다. 면적은 1.413*km²*이고, 해안선 길이는 5.5*km*이다. 서남쪽에 위치한 소매물도와 등대섬(글썽이섬)과 함께 세 개의 섬으로 이루어져 있다.

매물도는 크게 네 지역으로 나누어져 있다. 당금마을은 매물도의 중심지로, 매물도분교가 있는 곳이다. 매물도의 다른 곳에는 대항마을이 있는데, 주로 펜션과 민박집이 자리하고 있다. 그리고 소매물도와 등대섬이 있다. 걸음걸음마다 펼쳐지는 장쾌한 조망이 매혹적이다. 천혜의 비경에 감탄이 절로 나온다. 어느 곳 하나 눈을 즐겁게 하지 않는 곳이 없다.

섬 중앙에는 장군봉(210m)이 솟아 있어 섬의 주요 능선을 형성한다. 산사면은 급경사를 이루고 있다. 해안은 완만한 서쪽 해안을 제외하고는 대부분이 암석해안을 형성하고 있다. 곳곳에 발달한 해식애가 비경을 이룬다.

매물도로 불리게 된 여러 가지 설이 있다. 조선 초기의 한자 지명은 '매매도', 후기에는 '매미도'와 '매물도'로 표기하였다. 옛날에 매물(메밀)을 많이 경작했던 섬이라 하여 '매물섬'이라 칭하게 되었다는 설도 있다. 섬의 모양이 군마 형상을 하고 있어 마미도라고 불렀는데. 이후 발음이 변화하면서 매물도가 되었다고도 한다.

인구는 130여 명이 거주하고 있으며, 세대 수는 50여 세대이다. 주민들은 농업과 어업을 겸하면서 생활하고 있다. 농산물로는 고구마, 양파, 마늘 등이 생산된다. 수산물로는 주로 농어, 넙치, 가자미, 도미 등이 어획된다. 자연산 미역채취도 이루어진다.

20년 전 매물도분교 전교생

경상남도 통영시 한산면 매죽리 한산초등학교 매물도분교
촬영일 2002. 3. 19

20년 만에
매물도분교를 다시 찾다

매물도를 가는 방법은 두 가지가 있다. 통영항과 거제 저구항에서 가는 경로이다. 20년 전에는 통영항에서 갔다. 이번에는 거제 저구항을 선택하였다. 통영항에서는 1시간 30분 정도 걸리는 반면, 거제 저구항에서는 30분이면 갈 수 있다. 인터넷에서 검색해 보니 저구항을 추천하는 글이 많았다.

저구항에서 여객선을 탔다. 휴가철이라 젊은 여행객들이 제법 보였다. 부모님을 모시고 여행가는 가족들도 있었다. 여객선은 중급이었다. 배가 물살을 가르며 출발하였다. 크고 작은 섬들이 흐린 날에도 또렷이 보였다. 외롭지만 저마다 각기 다른 모습을 뽐내며 바다에 굳건히 있는 모습이 듬직해 보였다.

가까웠던 거리의 고파도, 어의도, 와도를 가는 느낌과는 달랐다. 항구를 벗어나 바다의 웅장함을 가로질러 가는 항해의 기분을 만끽하였다. 오른쪽의 대덕도, 왼쪽의 가왕도를 지났다. 파도는 높지 않았지만 배는 꽤 출렁거렸다. 매물도에 가까이 오니 큰 섬처럼 보였다. 한눈에 매물도와 소매물도가 들어왔다.

대략 30분 정도 걸려 매물도에 도착하였다. 예전에는 먼 거리였는데, 이번에는 배 이동시간이 짧아서 그런지 가깝게 느껴졌다. 당금마을 어귀에 알록달록한 50여 채 정도의 가옥이 눈에 들어왔다. 색깔이 튀는 것은 대부분 펜션이나 민박집이었다. 예전에는 식당과 기념품 판매소가 있었는데 지금은 보이지 않았다.

민박집과 가옥이 있는 언덕으로 올라가니 매물도분교가 나왔다. 매물도분교는 2005년 3월에 폐교가 되었다. 다행히 교정은 그대로 남아 있었다. 분교 앞마당 잔디에는 3개 정도의 텐트가 야영 중이었다. 지금은 야영장으로 사용되고 있었다. 교실 벽의 예쁜 그림은 없어졌다. 분교 건물은 낡아서 페인트가 벗겨져 있었다. 풍랑이 심해 이틀이나 머물렀던 교실을 둘러보았다. 샤워실과 취사 장소가 마련되어 있었다.

분교에서 바라보는 바다는 여전히 아름다웠다. 광활한 남해바다와 아담한 분교가 어우러진 그림 같은 전경이 눈앞에 펼쳐져 있다. 푸른빛의 바다가 마음을 탁 트이게 해주었다. 계단을 따라 바닷가로 내려가 보았다. 양옆의 기암절벽으로 감싸 있는 모습이 장관이었다. 파도가 넘실거리는 바닷가에서 나만의 시간을 즐겼다.

당시 광어를 잡아서 회를 떠서 주셨던 고마운 선생님은 지금 안 계신다. 순진무구했던 6명의 어린 친구들은 모두 섬을 떠나 어엿한 어른이 되었다. 그래도 분교의 모습만으로도 마음속 추억이 다시 새록새록 살아났다. 다시 찾은 매물도의 여행은 20년 전과 동일한 최고의 선물이었다.

구판장에서 나눈 정겨운 대화

당금마을 선착장 앞에 있는 구판장에 들러서는 컵라면을 시켰다. 카운터에 젊은 여성이 있어 물었다. "혹시 매물도분교에 다녔나요?", "저는 아니고요. 언니가 폐교 직전에 다녔어요."라고 답하였다. 그 여성에게 20년 전 매물도 분교 사진을 보여주었다. 대번에 앞에 줄 제일 왼쪽에 있는 학생이 언니라고 하였다. 지금은 31세로 인천에서 살고 있다고 하였다. 앞줄 맨 오른쪽에 있는 학생은 사촌 언니라고 하였다. 신기하였다. 사진 속 아이들이 작게 보여서 얼굴을 알아볼 수 없을 것 같았다. 하지만 대번에 알아본 것이다.

옆에 있는 어머니는 "사진에 동네 애들이 다 있네."라고 하면서 웃으셨다. 어머니에게 매물도분교가 폐교된 사연도 물었다. "더는 아이가 태어나지 않아 입학생이 없어서 폐교할 수밖에 없다고 했어요. 당시 교육청의 입장이었죠. 대신 월 40만 원 정도의 숙식비를 지원해 주었어요. 그래서 부부가 교대로 주말부부를 하면서 키웠어요."라고 말하였다. 참 많이 힘드셨겠다는 생각이 들었다.

젊은 여성 분이 목소리가 커서 성격이 활발한 따님이라고 했더니 웃으면서 이야기했다. "섬에서 자라면 목소리가 클 수밖에 없어요. 파도가 심해서 목소리를 크게 내야 들리거든요. 여자아이라서 작게 하라고 해도 그게 고치기가 어렵네요."라는 것이다. 바닷가에 사는 분들만의 살아가는 방식이 나름 재미있게 들렸다.

책이 나오면 꼭 한번 다시 들르겠다고 인사를 하고 나왔다. 구판장에서 나눈 젊은 여성 분과 어머니와의 정다운 대화가 무척 인상이 깊었다. 사진 속 아이들의 가족이라는 자체만으로도 다른 느낌이었다. 나중에 책이 나오면 다시 방문하겠다는 인사를 드리고 추억의 매물도를 떠났다.

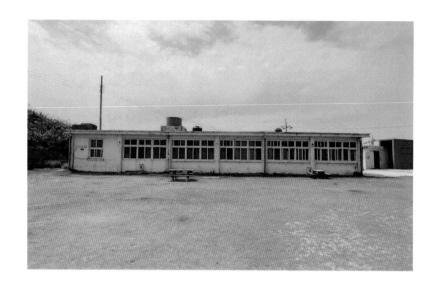

20년 후 지금의 와도분교

경상남도 통영시 한산면 매죽리 옛 매물도분교
촬영일 2022. 7. 28

톳이 있는 운동장에서 촬영
예작분교

"예작도 악동樂童들이 일궈낸 작은 기적"

2008년 1월 15일, KBS 1TV 〈사미인곡〉을 통해 방영된 예작도 여섯 아이의 가슴 벅찬 이야기이다. 예작분교 전교생 여섯 명으로 구성된 사물놀이팀이 그 주인공이다. 사물놀이를 시작한 지 얼마 안 되어 전국 대회에서 입상하였다. 2007년 세계 사물놀이 한마당에서 당당히 우수상을 받으며 주목을 받았다.

열악한 환경의 외딴 섬에서 이뤄낸 작은 기적이었다. 더욱 값진 것은 학교 선생님과 연습한 게 전부라는 사실이었다. 2006년에 선생님 세 분이 새로 부임하여 사물놀이를 가르치기 시작하였다. 아이들은 누가 시키지도 않는데 집에서 밥그릇을 엎어놓고 연습할 정도였다. 모두 사물놀이 장단에 흠뻑 빠진 것이다. 작은 섬 아이들의 기적은 아직도 사람들에게 회자

되고 있다.

배를 두 번이나 갈아타고 간 예작도

예작분교는 2002년 5월 24일에 방문하였다. 아직도 예작분교를 방문한 기억이 생생하다. 그 이유는 방문한 섬 중에서 가는 길이 가장 어려웠기 때문이다. 배를 한 번도 아니고, 두 번이나 갈아타야만 했다. 완도에서 보길도로 가는 여객선을 탔다. 그리고 보길도에서 예작도로 들어가는 배를 빌려 타야 했다. 그야말로 힘든 길이었다.

기억이 남는 일은 또 하나 있었다. 사진에서 보이는 운동장에 널려 있는 어촌마을 현장의 모습이다. 미역인지? 김인지? 사진을 촬영할 때 어디에 서야 할지 모를 정도로 운동장에 가득 차 있었다. 그 위에서 천진난만한 모습으로 사진 촬영에 임했던 네 명의 여자아이들이 아직도 눈에 선하다.

예작도는 거의 안 알려진 섬이다. 사진 촬영을 위해 예작분교를 방문하지 않았다면 생전 모르고 살았을 것이다. 그만큼 작은 섬이다. 보길도에 딸린 조용한 섬이다. 거창한 여행은 아니었다. 유명한 관광지 방문도 아니었다. 하지만 전혀 알지 못했던 보물 같은 곳을 찾아가는 과정이었다. 시골분교로 가는 여정은 그래서 의미가 있다.

20년 전 예작분교 전교생

전라남도 완도군 보길면 예송리 보길동초등학교 예작분교
촬영일 2002. 5. 24

보길도 앞의 작은 섬, 예작도

예작도는 전라남도 완도군 보길면 예송리에 있는 작은 섬이다. 현재 20가구에 50명 정도가 살고 있다. 1830년경 김해김씨가 처음 들어와 살았다고 한다. 그 후 여러 성씨가 이주하여 마을을 형성하게 되었다. 마을 사람들이 예의범절에 밝아 예작도라고 전해진다. 마을 앞에 우거진 방풍림이 고기잡이하고 돌아오는 어부에게 예절을 갖추어 맞이하는 형태이다. 그래서 예작도라고 불렸다는 설도 있다.

섬의 모양은 대체로 삼각형을 이룬다. 북쪽 끝에 약간 넓은 평지가 있다. 그곳에 마을이 형성되었다. 주민들은 농업과 어업을 겸한다. 농산물로는 깨, 고추, 고구마 등이 생산된다. 어업으로는 주로 전복, 다시마, 미역 등을 따서 건조한다. 예작분교는 학생 수 감소로 2019년 2월 28일 자로 폐교되었다.

20년 만에
예작분교를 다시 찾다

예작도로 가는 길은 두 가지가 있다. 완도 화흥포항과 해남 갈두항에서 가는 방법이다. 20년 전에는 완도 화흥포항에서 갔다. 지금은 해남 갈두항에서 가기로 했다. 여객선은 노화도를 거쳐 보길도로 가는 코스이다. 보길도에서 내려도 되지만 왠지 새로 생긴 보길대교를 건너고 싶었다. 두 개의 섬을 드라이브하는 것도 괜찮을 것 같았다. 노화도 선양진항으로 가는 표를 끊었다. 직접 차를 타고 여객선에 승선하였다.

화창한 날씨였다. 해남 땅끝마을에서 바라보는 바다는 한려수도의 바다와 또 달랐다. 갈두산(151.1m) 꼭대기에 햇불 같은 모양의 땅끝전망대가 멀리 보였다. 뱃고동을 울리며 여객선은 천천히 출발하였다. 여객선은 규모가 있는 편이었다. 1시간마다 운행되고 있었고, 이용객도 많은 편이었다. 화물차량도 많이 보였다. 가는 동안 서로 마주치는 여객선도 많았다. 관광객 이외에도 일반인의 왕래가 빈번했던 노선이었다.

왼편에 가로로 넓게 펼쳐져 있는 흑일도와 노화도 근처에 있는 작은 섬인 마삭도를 지났다. 30분 정도를 지나 노화도 산양진항에 도착하였다. '전복의 고장'이라는 관광안내판이 보였다. 배에서 내려 보길도로 향하였다. 완도나 진도보다는 작지만, 노화읍 소재지로 규모가 있는 섬이었다. 초등학교 3개, 중학교 1개, 고등학교 1개가 있다. 노화도를 지나는 길은 일반 소도시와 다를 바 없었다.

길이 440m의 보길대교를 건넜다. 2000년에서 2008년까지 공사로 생긴 다리다. 보길도로 들어서니 윤선도를 떠올리게 하는 흔적이 많았다. 보길도는 조선 시대 문신이자 시조 시인 윤선도로 유명한 섬이다. 곳곳에 자리한 안내판을 보니 윤선도의 얼이 서려 있다는 것을 알 수 있었다.

보길대교에서 약 5km 정도 지나 예송몽골해변에 도착하였다. 바로 눈

앞에 예작도가 보였다. 헤엄치면 금방이라도 갈 수 있을 듯한 가까운 거리에 있었다. 사선을 빌려 타야 했다. 어선은 여러 척이 있었다. 하지만 사람이 보이지 않아 한참을 기다렸다. 다행히 일을 마치고 돌아오는 아주 작은 어선이 보였다. 예작도까지 가달라고 부탁하였다. 와도와 마찬가지로 5만 원을 드리기로 하였다. 사실 예작도를 들어갈 수 있을지 불안했다. 이렇게라도 들어갈 수 있었던 것만으로도 다행이라는 생각이 들었다.

예작도에 도착하자마자 분교가 위치해 있던 곳으로 달려갔다. 그런데 이게 웬일인가? 분교 건물이 없었다. 산 넘고 물 건너왔는데 허망한 기분이 들었다. 인터넷 지도에는 분명히 분교 건물이 있었는데 지금은 미술관 같은 건물이 들어서 있었다. 아직 덜 지어진 것처럼 보였다. 분교 주위를 둘러보았다. 분교의 존재를 느낄 수 있는 것이 하나도 없었다. 야속한 기분마저 들었다.

예작도 이장님을 만나서는 몇 가지 물어보았다. "언제 분교 건물이 없어졌나요? 얼마 전까지 있었던 것 같은데요." 이장님이 대답하였다. "올해 상반기에 철거되었어요. 보길도와 예작도를 잇는 다리 공사와 함께 마을 갤러리를 짓게 되거든요. 분교를 마을 주민이 인수했어요. 완도군에서는 갤러리를 짓기로 했고요." 이장님의 이야기를 들어보니 이제 이해가 갔다. 바로 눈앞에는 실제 다리가 이미 지어지고 있다.

그동안 주민들은 바로 앞에 있는 보길도를 소형 선박을 타고 오가야 했다. 지금도 섬의 아이들은 배를 타고 어린이집과 초중학교를 오가는 상황이었다. 다행히 지난 2018년 정부의 농산어촌개발 공모사업에 선정되었다. 그래서 완도군이 농어촌공사와 함께 보길도와 예작도를 잇는 '해상진입교' 공사가 시작된 것이다. 길이 496m, 폭 2.5m의 인도교이다. 자전거와 오토바이 등 통행이 가능하도록 만들어진다고 한다.

이장님께 또 한 가지를 여쭈었다. 20년 사진 속 분교 운동장에 있는 것이 무엇인지 궁금하였다. 사진을 보여주었다. 이장님은 "그건 톳 양식이에요. 당시는 일본에 수출할 정도로 괜찮았죠. 지금은 안 하고 전부 전복양식으로 바뀌었어요. 지금도 없는 건 아닌데 단가가 맞지 않아서 거의 안하고 있어요."라고 대답하였다. 그제야 궁금증이 풀렸다. 호황인 시절에 톳 양식을 하느라 분교 운동장까지 깔아 놓은 것이었다.

이장님과 대화를 마치고 예작도를 떠났다. 분교 자리에 마을갤러리라도 세워지니 다행이라는 생각이 들었다. 그동안 불편했던 교통 문제까지 해결되니 더욱 좋은 일이다. 나중에 갤러리가 개관되면 예작분교 사진도 전시하면 어떨까 하는 상상을 해보았다. 그리고 앞으로 어촌의 매력을 간직한 관광지로 거듭났으면 좋겠다는 바람을 가져 보았다.

20년 후 지금의 예작분교

전라남도 완도군 보길면 예송리 옛 예작분교 자리
촬영일 2022. 9. 24

제3장

20년 만에 시골분교를 다시 찾다

6학년 여학생과
76세 할머니가 전교생
고파도분교

"'오난이' 할머니는 갑작스러운 교통사고로 아들을 잃는다. 일곱 살 손녀 '동이'와 동거가 시작된다. 칠십 평생을 까막눈으로 살아왔다. 아들이 유품으로 남긴 일기를 읽기 위해 한글 공부를 시작한다. 힘들어하는 할머니를 보다 못한 손녀는 과외 선생님으로 나선다. 하지만 한글을 전부 마스터하지 못한다. 손녀의 수업은 한계에 부딪힌다. 할머니는 읍내 초등학교 입학을 결심한다. 가슴 아프고 애틋한 학교생활이 시작된다. 할머니와 손녀의 이야기가 잔잔한 감동을 준다."

영화 〈할머니는 일학년〉

영화 〈할머니는 일학년〉의 줄거리다. 영화와 비슷한 상황이 현실에도 존재한다. 충남 서산의 고파도분교에서다. 20년 전 촬영 당시는 전교생이 다섯 명이었다. 20년이 지난 지금도 학생이 남아 있다. 폐교되지 않고 아직도 남아 있는 것이 놀랍다. 더욱 흥미로운 건 할머니가 고파도분교 학생이라는 사실이다. 현재 전교생은 6학년 여학생과 76세 할머니가 전부다.

20년 전 고파도분교 전교생

충남 서산시 팔봉면 고파도리 팔봉초등학교 고파도분교
촬영일 2002. 3. 26

1960년에 설립된 고파도분교는 섬 주민들의 안식처요, 든든한 요람이었다. 그러나 해가 거듭될수록 학생 수가 줄었다. 20년이 지나 다시 방문했던 2022년에 섬마을 유일한 어린이는 6학년인 김아라 학생이었다. 아라 곁에는 특별한 초등학생이 한 명 있었다. 바로 4학년에 재학 중인 심동재 할머니였다. 할머니는 글을 모르고 살아온 70년 세월이 야속해 분교의 문을 두드렸고 학생으로 등록되어 아라와 함께 다니고 있었던 것이다.

여전히 할머니는 학교 가기가 쑥스럽다. 그래도 포기하고 싶지는 않다. 등교할 때는 항상 아라와 함께 간다. 아들 같은 선생님은 어렵기만 하다. 말을 잘 듣고 시키는 대로 할 뿐이다. 할머니는 공부할 수 있다는 사실만으로도 행복하다. 공부를 시작한 계기가 영화와는 다르지만 배움의 열의만큼은 뒤지지 않는다.

할머니를 만학의 길로 이끈 것은 남편이었다. 남편은 물심양면으로 돕는다. 시장에 나가면 학용품을 산다. 바다 일을 돕는 것은 당연하다. 남편이 먼저 세상을 떠나면 혼자 남을 아내가 걱정되었다. 부인들이 글을 몰라 어려움을 겪는 일을 여러 번 목격하였다. 아내에게 공부를 시작하게 만든 이유였다. 이제 두 분은 서해바다 석양처럼 인생을 매듭지어 가고 있다. 그 길목의 정겨운 도전이 아름답다.

※ KBS 〈다큐멘터리 3일〉,
　섬마을 바다쓰기
　– 서산 고파도 72시간

고파도의 이야기는 2021년에 KBS 〈다큐멘터리 3일〉에서 방영된 적이 있다. '섬마을 바다쓰기–서산 고파도 72시간' 편으로 그려졌다.

가로림만의 조용한 섬, 고파도

고파도는 60여 명의 주민이 모여 사는 충남 서산시 팔봉면에 있는 섬이다. 가로림만의 중간 지점에 있다. 다른 지역보다 바다가 잔잔한 편이다. 주민들의 일상은 평화롭기만 하다. 바다가 정해준, 그저 주어진 그대로를 산다. 변변한 가게 하나 없다. 식당도 없다. 육지로 가는 배편은 하루 딱 3번 운행하는 여객선뿐이다. 그마저도 험한 날씨로 운행을 멈추면 움직일 수가 없다.

서산 시내에 나갈 때는 식재료와 생활용품을 한꺼번에 산다. 주민들은 불평하지 않는다. 부족할 때는 함께 나눈다. 어려운 일은 서로 도우며 헤쳐나간다. 편리하지 않은 섬 생활이다. 하지만 남부럽지 않다. 넓은 바다처럼 여유가 넘친다. 따뜻한 정이 흐른다.

20년 만에
고파도분교를 다시 찾다

고파도분교로 가는 배는 구도항에서 출발하였다. 20년 전 촬영일 2002년 3월 26일이었다. 20년 만에 다시 찾는 길이었다. 그때나 지금이나 설레는 마음은 다르지 않았다. 가로림만 한가운데 있는 섬이라 그런지 바다를 항해하기보다 커다란 호수를 가로질러 가는 느낌이었다.

배는 빠르지 않은 속도로 45분 정도 지나 고파도 선착장에 도착하였다. 섬에 도착할 때마다 드는 생각이 있다. 어머니 같은 편안함이 그것이다. 아담한 동산의 예쁜 정원 같다. 섬에 가까워지니 약 30여 채의 가옥이 눈에 들어왔다. 배에서 내려 마을을 가로질러 작은 고개를 넘었다. "청파초등학교 고파도분교장"이라고 쓰여 있는 교정이 눈에 들어왔다.

20년 전과는 전혀 다른 모습이었다. 2020년에 리모델링 공사가 진행되었다. 외관은 조그만 과학관 같기도 하였다. 예쁜 펜션 같은 느낌도 들었다. 사진 속 농구대와 배구장이 있었던 운동장은 없어졌다. 정갈한 잔디밭이 대신하였다. 철봉 몇 개만이 여기가 초등학교임을 알 수 있었다. 다시 찾은 분교에 옛 정취가 없어서인지 왠지 아쉬웠다. 그래도 아직 폐교되지 않고 두 명의 학생이 남아 있어서 다행이라는 생각이었다.

분교 선생님께 몇 가지 물었다. "아라 학생이 6학년이어서 졸업하면 내년에는 폐교가 되나요? 할머니께서 계시니 계속 운영되는 것 아닌가요?" 선생님은 "아쉽게도 폐교가 됩니다. 할머니는 학생으로 인정은 되지만, 학급수로는 인정이 안 되어 어쩔 수 없습니다. 그러니 할머니는 폐교되어 더는 다닐 수가 없는 거죠."라고 대답하였다. 한 가지 더 물어보았다. "학교가 예쁘고 잘 정돈이 되어 있는데요. 폐교 이후에 활용 계획이 있나요?" 선생님께서는 "그것은 아직 정해진 것은 없습니다."라고 이야기하였다.

선생님 이야기를 들으니 왠지 아쉬운 마음이 들었다. 아라 학생을 끝으로 폐교가 된다고 생각하니 안타까움이 컸다. 또한 할머니가 초등학교 졸업장을 끝내 받지 못한다는 사실도 쓸쓸함을 자아내게 했다. 늦은 나이에 어렵게 마음먹고 들어온 학교인데 끝까지 마치지 못하는 점이 못내 아쉬웠다. 그래도 분교가 폐교되지 않고 남아 있어 다행이라고 여겼는데 결국 폐교될 수밖에 없는 현실이 안타까울 뿐이었다.

20년 후 지금의 고파도분교

충남 서산시 팔봉면 고파도리 팔봉초등학교 고파도분교
촬영일 2022. 7. 20

"지금 우리 학교는, 택시운전사, 7번방의 선물, 내부자들, 강철부대"

이들의 공통점은 무엇일까? 바로 촬영지가 폐교라는 점이다. 폐교를 드라마나 영화의 촬영지로 활용한 사례이다. 최근 폐교가 드라마나 영화 세트장으로 주목받고 있다. 지방자치단체는 지역경제를 살리는 주요 정책으로 삼는다. 교육계는 폐교 활용을 적극적으로 연구하고 있다. 지역의 주요 관심사다.

익산교도소세트장은 폐교를 활용한 대표적 사례이다. 전라북도 익산시 성당면 와초리에 있는 남성분교 폐교부지에 세워졌다. 국내 최초의 영화 촬영용 교도소 세트장이다. 〈7번방의 선물〉, 〈홀리데이〉, 〈아이리스〉, 〈전설의 마녀〉, 〈내부자들〉 등 200여 편이 촬영되었다. 익산시도 관광객들을 위한 편의시설 확충에 적극적으로 나섰다. 지역의 대표 관광명소로 자리매김하기 위해서였다.

김천의 '생각하는 섬'도 빼놓을 수 없다. 경상북도 김천시는 한 폐교를 공매로 인수하였다. 아름다운 주변 산세와 풍경이 김천시를 움직이게 하였다. 온갖 잡초와 쓰레기로 가득한 폐교가 인기 글램핑장으로 변신하였다. 35동 숙소는 최대 200명을 수용할 수 있다. 여기에 상여박물관을 세웠다. 임종체험프로그램 도입으로 유명해졌다. 지금은 글램핑 외에 견학 손님들이 더 많다.

작은 마을에서 주민들이 폐교를 활용하여 수입을 올린 사례도 있었다. 폐교된 강원도 강릉시 옥계면 한울타리마을은 북동분교를 활용하면서 마을에 많은 변화가 생겼다. 영화 필름 박스, 포스터, 영사기 등 영화 소품들로 만들어진 영화테마학교가 들어섰다.

방문객이 증가하면서 수입이 늘어났다. 주 수입원은 숙박비, 식비, 체험 프로그램 등이었다. 부녀회에서는 방문객들에게 밥을 해주었다. 할머니들은 어린아이와 놀아주는 선생님이 되었다. 수입은 여기서 끝나지 않았다. 방문객을 대상으로 하는 농특산물 판매도 재미가 좋았다. 이후 고정고객이 되었다. 직접 주문하는 양도 상당하였다.

"폐교 운영은 주민들과 공유되어야 한다." 전국의 성공사례로 꼽히는 폐교 운영자들의 한결같은 경험담이다. 필수 조건이다. 현지 주민들이 가장 잘 안다. 이들의 도움 없이는 불가능하다. 운영 과정에서 참여와 협력이 절대적으로 필요하다. 북동분교는 주민들과 함께 운영한 폐교 활용의 모범적 사례이다.

20년 전 조제분교 전교생

강원도 영월군 김삿갓면 내리 옥동초등학교 조제분교
촬영일 2002. 5. 20

폐교 이후 잘 활용되고 있는 사진 속 시골분교는 몇 개나 될까? 완전히 자취를 감춘 곳, 뼈대만 남은 곳, 원형 그대로 남아 있는 곳. 새로운 모습으로 변신한 곳 등 다양한 모습으로 남아 있다. 다행히 몇 군데는 잘 활용되고 있다. 최근 활발히 진행되고 있는 폐교 활용에 좋은 사례가 될 수 있을 것이다.

박물관 고을 김삿갓면 내리

김삿갓면 내리는 이름이 남다르다. 내리는 지동(池洞) 여울(여우내) 안쪽에 있는 마을이므로 '안골'이라고 하였다. 이것이 한자식 표기 지명인 '내리(內里)'로 변하였다. 내리를 감싸고 가늘게 흐르는 냇물을 '여우내'라고 한다. 작은 내라는 뜻의 여우내에서 여울내로, 다시 여울이 되었다.

내리는 태백산으로 오르는 길목에 있다. 조제분교를 지나면 태백시로 갈 수 있다. 내리는 경상북도 구룡산에서 흘러내리는 물과 강원도 선달산의 전나무 숲에서 솟아나는 물이 합류하여 내리 계곡을 이룬다. 계곡 주위에는 깎아지른 기암괴석과 울창한 숲이 명품이다. 봄철에는 계곡 주위의 암석 사이를 붉게 물들이는 철쭉꽃이 장관을 이룬다.

영월군 김삿갓면은 박물관 고을이라 불린다. 여러 박물관이 있다. '양씨판화미술관', '영월동굴생태관', '영월음향역사박물관', '조선민화박물관', '호안다구박물관' 등이 대표적이다. 주제도 다양하다. 김삿갓 마을의 정감있는 풍경과 박물관의 조화는 보는 재미가 있다.

20년 만에
조제분교를 다시 찾다

분교가 위치한 강원도 영월군 김삿갓면 내리는 영월읍에서 경상북도 봉화군으로 가는 제88호 지방도를 따라갔다. 가는 길에 영월이 자랑하는 여러 관광명소를 만날 수 있었다. 영월고씨굴, 태화산고씨동굴, 영월대야동굴 등이 있었다. 호안나구박물관도 지나갔다. 캠핑장도 여러 군데 보였다.

영월읍에서 약 40km 이동한 후 조제마을 도로 왼편에 있는 '영월음향역사박물관'이 나타났다. 폐교된 조제분교 자리에 국내 최초의 음향역사박물관이 세워졌다. 옛 모습이 살짝 보일 뿐 어엿한 박물관이 자리 잡고 있었다.

1920년대부터 사랑을 받아온 진공관 라디오가 주를 이루고 있었다. 1950년대부터 본격적으로 시판되기 시작한 트랜지스터라디오 등 국내외 각종 라디오가 전시되어 있었다. 라디오 변천사를 한눈에 엿볼 수 있었다. 이외에 라디오 250여 점과 축음기, 녹음기, 사진기 등 다채로운 소장품도 있었다.

박물관 야외에도 볼거리가 많았다. 12지신 석상石像과 큰 바위 원석을 그대로 조각하여 만든 소싸움 석상이 이목을 끌었다. 우리 고유의 토속적인 분위기가 물씬 풍겼다.

조제분교가 기억에 남는 것은 분교의 모습이 독특해서였다. 마치 오래된 목조건물 같은 느낌이었다. 그 앞에 서 있던 천진난만했던 여덟 명의 아이들이 눈에 선하다.

조제분교는 2011년 2월 말에 폐교되었다. 20년 전 촬영일은 2002년 5월 20일이었으니 방문 이후 9년 가까이 유지되었다. 비교적 폐교되지 않고 오래 남아 있었던 것이다.

조제분교의 영월음향역사박물관 변신은 폐교활용의 모범사례 중 하나다. 이렇게 폐교가 되더라도 새롭게 변신을 잘한다면 그나마 폐교의 아쉬움을 조금이라도 덜어낼 수 있을 것이다.

20년 후 지금의 조제분교

강원도 영월군 김삿갓면 내리 조제분교
촬영일 2022. 7. 24

바닷가 옆의 오붓한 펜션
대도분교

"훗날 개발에 밀려 이 학교가 자취를 감춘다 해도 이곳에서 뛰놀고 푸른 꿈을 키웠던 배움의 전당으로써 길이길이 기억하고자 표석을 세우고 이 글을 남긴다."

대도분교 졸업생들이 폐교의 아쉬움을 담아 표석에 남긴 글이다. 대도분교는 경상남도 하동군 금남면 대도리에 있다. 남해대교가 보이는 아름다운 섬이다. 대도분교는 1947년 4월 1일 주민의 염원으로 설립되었다. 총 364명의 졸업생을 배출하고 2008년 3월 1일에 폐교가 되었다.

20년 전 대도분교 촬영일은 2002년 3월 18일이었다. 이날은 먼저 경상남도 진주에 있는 신광분교와 하동에 있는 영산분교를 촬영하였다. 이어 세 번째 촬영이어서 시간이 빠듯하였다. 대도에 들어가는 마지막 배편을 이용하여 분교에 도착하였다. 아이들이 수업을 마치고 집에 가려는 중이

대도분교 폐교의 아쉬움이 담긴 표석

었다. 선생님께 부탁을 드리고 간신히 촬영하였다.

전교생은 세 명이었다. 모두 여학생이었다. 친자매처럼 애정이 남달라 보였다. 서로의 애틋함이 보기 좋았다. 섬마을의 외로움을 우정으로 보듬는 듯하였다. 바닷바람이 심하였다. 3월 중순의 싸늘함이 남아 있었다. 아이들이 추워서 재빨리 촬영하였다. 움츠리면서 머리를 휘날리며 사진을 찍었던 아이들이 기억에 남는다.

노량바다의 아름다운 섬, 대도

대도는 특별한 섬이다. 국내 최초로 수백억 원을 들여 휴양관광단지로 조성된 곳이다. 한때 실의에 빠진 적이 있었다. 인근에 하동화력발전소가 가동된 탓이었다. 삶의 터전이던 어장을 잃을까 걱정이었다. 밤잠을 이루지 못하였다. 주민들은 합심해서 걱정을 희망으로 바꾸었다.

어업권 소멸에 따라 하동화력발전소로부터 받은 보상금 150억여 원 전액을 마을개발에 투자하였다. 70가구 150여 명의 주민은 2004년 마을개발위원회를 구성하였다. 가구당 최고 2억5천여만 원에 이르는 보상금을 전액 투자하는 조건으로 하동군에 마을개발을 건의하였다.

주민 대부분이 60대 이상이었다. 당시 주민들은 10여 년 후에는 마을이 없어질지도 모른다는 위기감이 강하였다. 마을개발 쪽으로 마음을 하나로

20년 전 대도분교 전교생

경상남도 하동군 금남면 대도리 노량초등학교 대도분교
촬영일 2002. 3. 18

모을 수 있었던 이유였다. 대도는 장수 이씨 집성촌이다. 장수 이씨 단일 성씨만 살고 있다. 이러한 이색적인 마을의 특성도 의견을 통일시킬 수 있었던 힘이었다.

대도는 하동군에서 유일하게 사람이 사는 섬이다. 그래서 하동군도 관광단지 개발에 발 벗고 나섰다. 행정자치부도 주민들의 의지를 높이 샀다. 그 결과로 대도는 도서특화시범사업단지로 지정되었다. 국비 370억 원도 지원을 받게 되었다.

2007년부터 공사가 시작되었다. 대도섬의 환경과 조화를 이룬 해양생태 체험시설과 식물원, 일주도로, 인공 해수풀장, 친수광장, 펜션 등을 조성하는 공사가 진행되었다. 2012년에 해양관광단지 조성공사는 결실을 얻었다.

20년 만에
대도분교를 다시 찾다

노량항 선착장에서 대도로 가는 배편이 출발하였다. 대도 아일랜드로 가는 여객선을 탔다. 화창하면서 더운 날씨였다. 휴가철이라 가족 단위 여행객이 많이 보였다. 멋진 남해대교를 뒤로하고 잔잔히 물살을 일으키면서 배가 출발하였다. 봉우리가 높이 솟아 있는 연대봉(446m)이 남해대교와 함께 병풍처럼 위엄 있게 보였다.

좌측에는 멀리 광양제철소가 있다. 전라도와 경상도의 경계선임을 알수 있다. 왼편은 여수, 오른편은 남해를 끼고 넓은섬, 조각섬, 개구리섬, 동굴섬 등 이름도 특이한 작은 섬들을 지나쳐 갔다. 출발한 지 15분 만에 대도에 도착하였다.

선착장에 도착하니 '대도 파라다이스'라는 표시가 보였다. 방문객을 반기는 판다 곰도 눈에 띄었다. 관광단지로 개발되어 그런지 여느 어촌마을과는 다르게 잘 정돈되어 있었다. 분교로 가는 길옆에 작은 조각들이 공원을 산책하는 기분이 들게 하였다. 오른쪽에는 바다를 끼고 왼쪽에는 조각이 진열된 길은 색다른 느낌을 주었다.

펜션으로 새로 변신한 대도분교

분교에 도착하였다. 20년 전과는 전혀 다른 분위기였다. 분교가 펜션으로 바뀌었다. 운동장 자리는 농구장, 족구장, 풋살 경기장이 만들어졌다. 바로 옆의 바닷가와 어우러져 제법 그럴듯한 펜션의 모습을 갖추고 있었다. 교실은 펜션 숙소로 만들어졌다. 분교의 모습을 이어갔으면 하는 아쉬움도 있었다. 하지만 존재가 없어지거나 방치된 것보다는 훨씬 낫다는 생각이 들었다.

펜션을 운영하는 여성 분과 대화를 나눌 수 있었다. 펜션을 매입하게 된 과정을 물었다. "폐교된 후 4년 뒤인 2012년부터 매입하여 운영하고 있어요. 10년 정도 되었죠. 인터넷 홍보는 안 하지만 입소문으로 이제는 제법 유명해졌어요. 주로 회사 야유회, 대학생 MT, 가족 휴양지 등으로 이용되고 있어요."

대도 출신으로 애정이 남달랐다. 대도를 관광단지 조성에 힘을 보태고 싶어 매입하게 되었다고 하였다. 주민들의 합심으로 찾고 싶은 섬이 만들어졌다는 점을 강조하였다. 홍보가 잘 되어 더욱 많은 관광객이 찾았으면 하는 바람도 잊지 않았다.

대도는 방문한 섬 중에서는 가장 정비가 잘된 섬이었다. 편리한 교통편, 주변의 자연경관, 잘 가꾸어진 관광단지 등은 충분한 경쟁력을 갖추고 있었다. 주민들의 노력으로 관광단지를 조성했다는 점도 흥미로운 스토리였다. 폐교된 분교를 지역 주민이 매입하여 펜션으로 활용하는 것도 좋은 사례였다.

대도 앞에는 이름을 듣기만 해도 가슴이 웅장해지는 충무공 이순신 장군의 얼이 서린 노량바다가 있다. 남해대교의 모습은 풍경의 아름다움을 더해 주었다. 대도 파라다이스라는 멋진 섬의 정취는 푸른 바다와 함께 마음을 정갈하게 해주었다. 대도분교를 추억하는 20년 만의 발길은 이것만으로도 즐거운 여행길이었다.

20년 후 지금의 대도분교

경상남도 하동군 금남면 대도리 옛 대도분교
촬영일 2022. 7. 29

하늘 아래 신주 빚는 마을
점리분교

"제가 선생이 된 지 10년이 조금 안 되었습니다.

산내분교에서 보낸 시간이 저에게는 가장 소중한 시간이었습니다. 여기

있는 5명의 아이들은 아마 평생 잊지 못할 겁니다. 제가 아이들을 가르

친 것이 아니라, 아이들이 저를 가르쳤습니다. 비록 학교는 없어지지만,

어디를 가든 너희들 마음속에는 항상 이 조그만 산내분교로 등교하길 바

란다."

영화 〈선생 김봉두〉

영화 〈선생 김봉두〉의 명대사다. 영화 마지막에
산내분교 졸업식이자 폐교식에서 김봉두 선생이 아
이들에게 한 말이다. 〈선생 김봉두〉는 시골분교의
인간적인 면을 가장 잘 묘사한 영화이다. 폐교의 아
쉬움도 어느 영화보다 잘 그려졌다.

촬영지는 연포분교이다. 강원도 정선군 신동읍 덕천리에 있다. 영화에서 학생 수는 5명이다. 실제로도 매년 4~6명 정도 졸업생을 배출하였다. 지금은 폐교가 되어 생태체험학교로 운영되고 있다.

영화 〈선생 김봉두〉를 소개한 이유가 있다. 영화의 촬영지였던 연포분교가 폐교 이후 생태체험학교로 활용되고 있는 것처럼 좋은 사례가 있어서다. 바로 강원도 삼척시 도계읍에 있는 점리분교이다. 지역민의 여름 휴양지로 탈바꿈하였다. 특히 주민들이 마을협동사업으로 펜션과 수영장을 운영하고 있다는 점에서 그 의미가 남다르다.

태백산맥 기슭 도계읍에 위치한 점리분교

20년 전 점리분교 촬영은 2001년 6월 11일에 있었다. 시골분교 촬영 초기에는 주로 강원도 서쪽 지역을 다녔다. 강원도 횡성에서 시작하여 영월, 홍천, 평창, 정선지역으로 이어졌다. 그러다가 태백산맥을 넘어 강원도 동쪽 지역으로 이동하였다. 그중 첫 번째로 방문한 분교였다. 왠지 느낌이 사뭇 달랐다. 좀 더 멀리 이동한 색다른 기분이었을지 모른다.

점리분교가 위치한 도계읍은 독특한 모습을 지니고 있었다. 도계읍은 태백산맥 기슭에 있는 소도시이다. 중심부의 해발고도가 400m~500m 정도인 산간지대에 있다. 산간 도로에서 내려오면서 바라본 도계읍의 생김새가 인상적이었다. 작은 하천을 중심으로 좁게 펼쳐져 있는 읍소재지 모

20년 전 점리분교 전교생의 모습

강원도 삼척시 도계읍 점리 도계초등학교 점리분교
촬영일 2001. 6. 11

습이 여느 도시와는 달랐다.

촬영 당시인 2000년대 초반까지만 해도 도계읍은 삼척읍보다 인구가 많았다. 석탄 산업이 호황일 때는 지나다니는 강아지가 만 원짜리 지폐를 물고 다닌다는 일화가 있을 정도였다. 지금은 양상이 달라졌다. 5만 명에 달하던 인구가 1만 명 선마저 붕괴가 되어 존폐 위기에 놓여있다. 한때는 대한민국의 석탄 산업의 중심지였다. 이제는 폐광촌이 될 위기에 처한 것이다.

점리분교는 도계읍에서도 상당히 많이 들어갔다. 비교적 외지에 있는 편이었다. 그런데도 전교생이 10명이나 되었다. 폐교를 전혀 걱정하지 않는 분위기였다. 그만큼 당시 도계읍이 가진 위상이 분교에까지 전해진 느낌이었다.

20년 만에 점리분교를 다시 찾다

강릉에서 출발하여 점리분교로 향하였다. 태백시 방향으로 가는 35번 국도를 타고 갔다. 높이가 꽤 있는 몇 개의 산을 끼고 갔다. 오른쪽에는 석이암산(979m), 중봉산(1264m) 등이 있다. 왼쪽에는 자후산(904m), 문래산(1082.5m), 멍애산(952.6m)과 이름도 특이한 장병산(903.5m), 지각산(903.5m) 등이 있다.

양쪽으로 높이 솟아 있는 산봉우리를 보는 경치가 보기 좋았다. 높은 산 옆으로 병정처럼 힘차게 뻗어있는 각기 다른 모습의 나무들이 버티고 있는 풍경도 볼 만하였다. 곳곳의 나무들 사이로 내보이는 기암절벽과의 색의 조화는 또 다른 묘미가 있었다.

상사미교차로에서 동해 방면으로 38번 국도로 옮겨 탔다. 38번 국도로 가는 길은 또 다른 경관을 보여주었다. 높은 산간지대로 길이 이어졌다. 산 아래로 뻗어있는 산세가 장관이었다. 마치 요새 같은 웅장함이 세찬 바람과 함께 밀려왔다. 자연의 경이로움에 무서움마저 드는 경치를 구경하였다.

20년 전에도 느낀 바 있다. 강릉에서 태백으로 이어지는 35번 국도와 태백에서 삼척으로 가는 38번 국도는 잘 알려지지 않은 예쁜 길이다. 그래서 드라이브 코스가 더욱 맘에 든다. 꼭 한번 가보시길 권하고 싶다.

이 지역은 유독 산불이 많다. 곳곳에서 그 잔재가 남아 있다. 볼 때마다 안타까움이 밀려온다. 아랑곳하지 않고 다시 그 본래의 모습을 되찾아가는 자연의 위대함이 대단할 따름이다. 인간은 자연에 큰 실수를 저지른다. 반면 자연은 이를 탓하지 않고 본연의 임무에 충실할 뿐이다.

꼬불꼬불한 길을 내려가다 보면 점리로 가는 이정표가 나왔다. 우회전해서 3.5km 더 들어갔다. 작은 길을 따라가다 보면 점리마을이 나왔다. 마을마다 특이하게 점리 1반에서 6반까지 써있는 세련된 안내판이 눈에 들어왔다.

점리분교에 도착하였다. 깨끗하게 보이는 펜션 건물이 보였다. 앞에는 수영장이 있었다. 금방이라도 아이들을 맞이할 것 같이 잘 단장되어 있었다. 폐교된 분교 자리에 펜션과 수영장이 갖춰진 휴양지로 변신한 모습이었다.

눈에 띈 것이 있었다. 점리분교 졸업생들이 세운 표석이었다. 이런 글귀가 있었다. "초창기에는 마을 주민과 학생들의 고사리 같은 손으로 돌담을 쌓고 계단을 만들며 운동장의 돌을 주워내면서 희로애락을 함께 나눈 추억이 많이 깃든 곳이다. 학생 수 감소로 폐교 후 숙박과 오토캠핑장, 수영장, 두부만들기, 신주빚기 등 각종 농촌체험 휴양마을로 재탄생하였다." 2003년에 폐교된 아쉬움과 새롭게 만들어진 휴양마을이 잘 되기 바라는 마음이 담겨 있었다.

점리분교의 변신은 2017년에 시작되었다. 폐교된 지 14년 만이었다. 삼척시가 폐광지역 관광특화마을 개발 국비 공모사업으로 조성하였다. 국비 등 총 17억 원을 투자하였다. 주민이 참여한 소득 창출에 주안점을 두었다. 특색 있는 마을 조성과 체험프로그램 개발이 주된 내용이었다. 마침내 2019년에 '하늘 아래 신주 빚는 마을'이 탄생한 것이다.

점리마을 이장님과의 따뜻한 대화

사무실에 들어가니 점리마을 이장님께서 계셨다. 인사를 하고 사진을 보여주면서 방문한 이유를 설명하였다. 반갑게 맞이하여 주셨다. 점리휴양마을 조감도와 사업 현황이 적혀 있는 패널을 보여주셨다. 점리마을 변신에 자부심이 크셨다. 이런 시골에서 재생사업을 성공시키는 게 쉽지 않으니 그럴 법도 하였다.

몇 가지 물었다. "하늘 아래 신주 빚는 마을이라는 이름은 어떻게 지어지게 되었나요? 이름이 예뻐서요." 이장님께서는 "2008년부터 술 빚는 사업을 했어요. 1년마다 행사를 하는데 300명 이상이 참가할 정도로 잘 알려져 있어요. 이 행사에서 이름을 딴 거죠."라고 대답하셨다. 이장님은 술 발효 일을 인생의 업적으로 생각하고 계셨다.

한 가지 더 여쭤보았다. "수입은 어떻게 사용하고, 주민들은 어떤 역할을 하고 있나요?" 이장님께서는 "마을 주민들이 캠핑장을 공동 운영하고 있어요. 수입은 마을 발전기금으로 사용하고 있고요. 할머니들은 청소도 하고, 이장은 관리책임자를 맡고 있죠. 술 빚는 교육도 하고 있어요."라고 하셨다.

그러면서 "사실 캠핑장은 작년 6월에 오픈하여 아직은 연간 2,000~3,000만 원 정도밖에 수입이 안 돼요. 올해부터 조금씩 수입이 늘고 있기는 하죠. 무엇보다 그동안 마을 주민들이 갈 곳이 마땅히 없었는데 쉼터 같은 역할을 하는 것이 가장 좋아요. 매일 식사도 같이하면서 어울리고 있어요."라고 덧붙였다.

"폐교 운영은 주민들과 공유되어야 한다."라는 폐교 활용의 성공 조건을 잘 적용하고 있는 사례였다. 무엇보다 마을 주민들의 쉼터라는 점이 가장 인상적이었다. 분교가 있을 때도 마을 주민들에게는 든든한 안식처였을 것이다. 지금은 비록 아이들은 없지만 새로운 모습으로 마을 주민의 휴식처가 되고 있으니 얼마나 좋은가?

이장님께 책이 나오면 다시 들르겠다고 하면서 인사를 드리고 분교를 떠났다. 그리고 가족들과 꼭 한번 놀러 오겠다는 약속도 하였다.

20년 후 지금의 점리분교

강원도 삼척시 도계읍 점리 옛 점리분교
촬영일 2022. 9. 23

산골 아이들의 새 보금자리
두음분교

20년 전 방문한 시골분교 중에서 경상북도 촬영은 많지 않았다. 강원도 지역을 촬영하고 인접해 있는 봉화·영양지역 분교를 몇 개 촬영했을 뿐이었다. 그중에서 가장 기억에 남는 곳이 두음분교였다.

두음분교 촬영은 2002년 4월 1일에 있었다. 위치는 경상북도 봉화군 소천면 두음리에 있었다. 안쪽으로 꽤나 많이 들어가는 길이었다. 비포장도로의 좁은 길은 강원도 산골 오지와 다를 바 없었다. 높은 산을 넘어가는 어려움은 없었지만 힘들기는 매한가지였다. 분교에 도착했을 때는 전교생이 14명이나 되는 활발한 학교 분위기가 들어오는 길과는 사뭇 다른 느낌이었다.

20년 전 두음분교 전교생

경상북도 봉화군 소천면 두음리 소천초등학교 두음분교
촬영일 2002. 4. 1

특색있는 두음분교만의 모습

최근에 특이한 사실을 알게 되었다. 2012년에 2층으로 건물을 증축했다는 것이었다. 대부분 폐교된 것과는 다르게 건물을 증축했다는 것은 쉽지 않은 일이었다. 촬영한 40개 시골분교 중에서 폐교되지 않고 남아 있는 학교가 5개가 있다. 그중에서 두음분교는 건물을 증축한 유일한 학교였다.

또한 두음분교만의 교육프로그램도 눈에 띄었다. 본교와 분교가 공동교육 운영을 잘하는 편이었다. 시작은 2014년 본교와 분교가 공동으로 운영한 1인 1악기 예술동아리 활동이었다. 한 사람이 최소한 한 가지 악기를 능숙히 다루어 연주할 수 있게 하자는 취지였다.

이를 계기로 2016년부터는 본·분교 공동교육과정의 날을 지정하여 운영하였다. 봉화군에 있는 세 개의 분교와 함께 학생 수 감소를 해소하기 위한 일환이었다. 매주 요일을 지정하여 공동교육과정을 진행하였다. 시골의 어려운 교육 여건을 극복하기 위한 좋은 사례였다.

이밖에 2017년에는 클레이아트 체험프로그램을 진행하였다. 아이들이 직접 만드는 클레이아트 작업을 통해 표현력을 높였다. 2020년에는 동화 작가와의 만남이 있었다. 《누가 이무기의 신발을 훔쳤을까?》의 저자인 최소희 작가가 학교를 찾았다. 아이들은 작가와의 만남에 초롱초롱한 눈으로 수업에 임하였다. 2021년에는 코딩교육을 하였다. 인공지능 시대에 산골 오지 학생들도 예외가 없다는 생각으로 마련하였다.

이외에도 다양한 교육프로그램이 있다. 물론 다른 분교에서도 여러 교육과정을 진행하겠지만 두음분교만큼 적극적으로 언론 홍보를 하는 것도 쉽지 않은 게 사실이다. 그래서 분교인데도 건물을 증축했다는 점과 함께 이것 또한 두음분교에 대한 궁금증 중 하나였다.

태백산맥과 소백산맥이 갈라지는 곳, 두음리

자연경관이 빼어난 두음리에는 도시내라는 곳이 있다. 도시천挑始川이라고도 한다. 등골 중심부에 있는 두음분교에서 4km가량 가다 보면 계곡을 끼고 양쪽으로 넓은 평지가 나온다. 계곡 주위의 자연경관이 수려하다. 계곡을 따라 올라가면 신선들이 놀았다고 전해지는 무릉도원이라는 곳이 나온다. 이곳 무릉도원의 '도' 자를 따서 도시내라 불렸다고 한다.

등골은 골의 모양이 사람의 갈비뼈와 같다 하여 부르게 되었다. 사람의 갈비뼈처럼 마을을 중심으로 사방이 골로 이루어져 있어 길은 험하다. 임산물이 풍부하여 산나물과 약초 채취가 성행하고 있다.

10년 전에는 50여 농가가 살고 있었다. 이후 대부분 도시로 이주하여 본토인들은 거의 살지 않는다. 현재는 수려한 자연경관과 맑은 물 등으로 종교인들이 이주하여 살고 있다. 무공해 농법으로 농사를 지으며 신앙생활을 영위하고 있다.

20년 만에
두음분교를 다시 찾다

점리분교를 떠나서 바로 두음분교로 향하였다. 38번 국도를 타고 태백 방면으로 가다가 봉화방면으로 가는 31번 국도로 갈아탔다. '강원 고생대 국가지질공원'으로 유명한 구문소를 지나 태백교차로에서 봉화방면으로 가는 길이었다. 넛재터널, 고선터널, 소천터널 등 제법 긴 터널을 7개나 지나갔다. 터널이 많은 것은 교통의 편리함은 주지만 주변 자연경관을 즐기는 맛은 덜하였다.

국립 청옥산자연휴양림과 고선계곡, 구마계곡을 지나면 임기역 부근에 소박한 동네가 나타났다. 오른쪽에 월암산(608.3m)을 끼고 두음리 방면으로 좌회전해서 들어갔다. 도로변에는 두음분교 안내판이 보였다. 선당교라는 작은 다리를 지나 임기분교장을 거쳐 6km를 더 갔다. 갑자기 2차선으로 가다가 1차선의 좁은 길이 나왔다. 산골 오지의 분교로 가는 길이 느껴졌다.

20년이 지나 옛 분교를 방문할 때마다 느끼는 게 있다. 예전에 이런 깊은 곳까지 어떻게 찾아왔을까 하는 생각을 하게 된다. 스스로에게 대견하면서도 놀라는 게 솔직한 심정이다.

분교 선생님과의 대화로 궁금증 해소

두음분교에 도착하였다. 한참을 들어왔는데 갑자기 2층으로 되어 있는 분교 건물을 보니 왠지 낯선 기분이 들었다. 분교에 도착하자마자 건물을 증축한 이유를 물어보고 싶었다.

교무실에 방문하여 인사를 드리고 사진을 보여드렸다. 반갑게 맞이하여 주셨다. 방문한 이유를 설명하고 궁금증도 말씀드렸다. "굉장히 오지에 있는데도 어떻게 건물을 증축하게 되었나요?" 선생님께서는 "두음리 주민 대다수를 차지하는 종교인들이 교육청에 증축을 건의했어요. 예전에는 두음분교가 본교보다 학생 수가 더 많을 정도였거든요."라고 말씀하셨다.

그러면서 "이곳이 청정지역이어서 30년 전부터 신앙생활을 하면서 살고 있어요. 믿음도 좋고, 아이들도 많이 낳았어요. 외부로 나가지 않고 여기서 학교 다닌 거죠. 그래서 병설 유치원까지 생기게 되었어요. 지금은 학생 수가 줄어서 유치원생 4명, 초등학생이 6명이 있어요."라고 덧붙였다.

분교 선생님 말씀을 듣고 나니 모두 이해되었다. 궁금증이 금방 풀렸다. 건물이 증축된 이유도 알게 되었다. 다양한 교육프로그램 진행과 적극적인 언론 홍보도 모두 이해할 수 있었다.

그래도 분교가 사라지지 않고 아이들의 웃음소리가 계속 이어진다는 것만으로도 반가운 일 아닌가? 그래서인지 다른 분교와는 달리 홀가분한 마음으로 떠날 수 있었다.

20년 후 지금의 두음분교

경상북도 봉화군 소천면 두음리 소천초등학교 두음분교

촬영일 2002. 9. 23

제4장

시골분교, TV에 나오다

"가족 같은 학교, 부모님 같은 선생님, 형제 같은 전교생이 있고, 할머니·할아버지·엄마·아빠 모두가 선후배인 애정과 추억이 가득 담긴 마을의 모교이자 북동리 마을의 유일한 문화 공간입니다."

MBC 일밤 〈신동엽의 러브
하우스〉 전국투어 강원 편

MBC 일밤의 〈신동엽의 러브하우스〉에서 방영된 북동분교를 표현한 말이다. 방송에서 11명 어린이의 꿈을 위한 45일간의 스페셜 프로젝트가 기획되었다. 개그맨 신동엽과 건축가 양진석 씨가 출연하였다. 당시 인기리에 방영되었던 '러브하우스'의 한 획을 긋는 초특급 프로젝트였다.

TV에 방영된 날짜는 2001년 8월 26일이었다. 내가 북동분교를 촬영한 날은 2001년 6월 5일이었다. 대략 계산을 하면 촬영하고 얼마 안 된 시점에 TV에 방영된 것이다. 방문하고 얼마 안 되어 인테리어 공사를 시작했을 것으로 보인다.

우연치고는 절묘하다는 생각이 들었다. 방송을 보고 알았지만 지금 생각해도 신기한 일이었다. 20년이 지난 지금도 TV 방송에 북동분교가 나온 장면이 선명하게 기억이 난다. 그만큼 나에게는 너무도 강렬했던 경험이었다.

산골 아이들의 꿈을 위한 북동분교에서 펼쳐진 추억의 방송을 잠시 따라가 보자. 방송 내용을 축약해 보았다.

『북동분교로 가는 길이 험난하다. 깊은 산골짜기다. TV나 라디오가 들어오지 않는 오지 중의 오지다. 비포장도로로 40분은 들어가니 마을 어귀에 도착한다. 너무 고립된 지역이지만 아이들을 위해서 포기할 수 없다. 북동분교는 강원도 정선군 화암면 북동리에 있다. 당시 전교생 9명. 미취학 어린이 2명. 모두 11명의 어린이가 있다. 부부 교사인 선생님 2명이 학교를 지키고 있다. 주민 99%의 모교이다. 학교 일이라면 주민들이 발 벗고 나선다. 아이들은 생활 속에서 이웃을 배운다. 마을의 안식처이자 역사와 전통이 담긴 문화재이다. 학교 건물은 40년이 다해가는 목조건물이다. 교육청에서도 끊임없이 수리해왔다. 지역 특성상 대규모 보수는 어렵다. 작은 눈과 비에도 차량 통행이 마비된다. 겨울에 눈이 많이 오면 마을 밖 본교 등교는 생각하지도 못한다. 그래서 폐교를 모두가 걱정한다. 겨울에는 유독 춥다. 매서운 겨울을 따뜻하게 날 수 있도록 단열 보강이 절실하다. 동생들의 놀이방과 쉴 공간이 필요하다. 손 봐야 할 곳이 한두 군데가 아니다. 외관은 40년간 깨끗이 지켜왔다. 당시 최고의 자재 나무로 지었다. 교실은 3개이다. 교무실은 책상이 단 2개뿐이다. 정겨운 복도. 학교 종. 벽에 걸려있는 상장 등 모든 것이 정겹다. 그래서 보존할 것은 보존하면서 현대식으로 재탄생하는 인테리어가 프로젝트의 전략이

20년 전 북동분교 전교생

강원도 정선군 화암면 북동리 화동초등학교 북동분교
2001. 6. 5 촬영

다. 과거와 현재가 공존하는 리모델링 방식이다. 방송 마지막은 북동리 주민과 함께하는 양진석의 게릴라콘서트로 장식한다. 마을 주민 25명을 모으는 것이 목표다. 산골 마을에서는 쉽지 않은 일이다. 안대를 벗겼을 때 많은 인원이 모여 기뻐한다. 주민 모두가 즐거워한다. 드디어 45일 동안 기다린 새로운 북동분교의 모습이 공개된다.」

20년 만에
북동분교를 다시 찾다

강원도 정선은 나름의 참맛이 있다. 산세가 좋고, 기암절벽이 장관이다. 몸매를 뽐내는 소나무와 조화를 이룬다. 길을 따라 흐르는 계곡은 굴곡미를 더해준다. 자연경관이 어느 하나 빼놓을 수 없이 눈길을 사로잡는다.

북동분교는 정선읍에서 화암면 방향으로 제59호 국도를 따라갔다. 붕우산을 오른편으로 해서 좌회전으로 북동마을로 들어갔다. 문치재전망대를 넘어가면 마을이 나왔다. 대략 45분 걸린 듯하였다. 예전에는 덕산기계곡을 지나 덕우리 방면으로 갔다. 꼬불꼬불 비포장도로였다. 지금은 달랐다. 새로운 길이 생겼다. 다시 찾은 길은 20년 전에 비하면 비단길이었다.

정선의 명소로 꼽히는 문치재가 분교로 가는 길목에 있다. 732m의 커브 길이 한눈에 보이는 이색적인 드라이브 코스가 장관이었다. 2018년에는 '국제롱보드선수권대회'도 열렸다. 세계적으로 찾아보기 힘든 최고 수준의 코스로 평가를 받았다. 정선의 아름다운 자연경관을 세계에 알린 대회였다.

자동차로 굽이굽이 올라가는 커브 길이 최고였다. 산꼭대기에서 내려다보는 문치재의 아름다움에 감탄이 절로 나왔다. 20년 전은 오로지 분교를 찾아야 한다는 목표만으로 발길을 재촉하였다. 주변 풍경을 감상할 여유조차 없었다. 이제는 다르다. 마음껏 즐기는 추억의 여행길이었다.

드디어 마을 어귀에 도착하였다. 오랜만에 보고 싶은 사람을 만나는 것처럼 설렜다. 분교의 모습은 마치 동화에 나오는 집처럼 변하였다. 안에는 비어 있었다. 아직 남아 있는 벽에 걸린 태극기, 종, 졸업사진 등이 그나마 분교 분위기를 느낄 수 있었다.

외롭게 풍금 하나가 덩그러니 놓여있는 모습도 보였다. 풍금은 누구나 옛 시절의 생각을 떠오르게 하는 대표적 소품이다. 복도에 걸려있는 반 명패가 초등학교의 기억을 떠올리게 하였다. 금방이라도 개구쟁이 아이들이 뛰쳐나올 것만 같았다.

북동분교는 신동엽의 러브하우스로 더욱 오랫동안 기억에 남아 있다. 방문했던 시골분교 중에서 가장 깊은 산골마을이어서 그런지 추억의 감흥도 크게 느껴진다.

20년 후 지금의 북동분교

강원도 정선군 화암면 북동리 옛 북동분교
2022. 7. 25 촬영

KBS 인간극장
〈예민의 작은 음악회〉
용소분교, 군대분교

"풀 잎새 따다가 엮었어요, 예쁜 꽃송이도 넣었고요. 그대 노을빛에 머리 곱게 물들면 예쁜 꽃 모자 씌워 주고파 냇가에 고무신 벗어놓고 흐르는 냇물에 발 담그고 언제쯤 그 애가 징검다리를 건널까 하며 가슴은 두근거렸죠"

예민의 어느 산골 소년의
사랑 이야기

가수 예민의 〈어느 산골 소년의 사랑 이야기〉가사 중 일부분이다. 산골짜기 시냇물과 같이 자연의 향취에 흠뻑 빠진다. 아이들의 순수함이 아름다운 사랑 이야기로 전이된다. 추억으로 묻혀버린 어린 시절의 설렘이 수채화처럼 그려지는 듯하다.

KBS 인간극장 〈예민의 작은 음악회〉가 방영된 것은 2001년 12월이었다. 예민은 시골분교를 찾아다니면서 아이들과 작은 공연을 연 가수로 잘 알려져 있다. 음악회는 1997년에 시작되었다. KBS 한 프로그램에서 우연히 분교에 다니는 학생을 만났다. 그 아이와 꽃밭에서 노래했던 기억을 음악회로 꾸며보고 싶어 시작한 것이 계기였다. 이후에도 그 아이와의 기억이 너무나 강렬했기 때문에 그만둘 수 없었다.

예민의 분교음악회 여정을 보면 나의 시골분교 사진 촬영은 아무것도 아니었다. 6년 동안 170여 개의 분교를 찾아 음악회를 열었다. 시간과 정성에서 비교가 되지 않는다.

그래도 비슷한 점이 많다. 예민은 음악으로서, 나는 사진으로서 시골분교의 아름다움을 담았다. 점점 사라져가는 애석함을 표현하고 있다. 자연과 조화를 이루며 살아가는 시골분교의 모습을 남기고 싶은 마음이 담겨 있다. 아이들의 순수함을 대하는 애정이 가득 실려 있다.

예민의 작은 음악회와 내가 방문했던 시골분교가 동일한 곳이 여럿 된다. 같은 분교가 나오면 반가운 것은 당연하다. 방문한 곳이 대부분 산골 오지부터 외딴 섬이 대부분이었다. 그중에서 두 군데를 다시 찾았다. 바로 강원도 정선의 군대분교와 용소분교이다.

강원도 정선군 동면 백전리_ 용소분교

예민의 용소분교 방문은 2001년 11월 1일에 있었다. 열여섯 번째 음악

20년 전 용소분교 전교생

강원도 정선군 화암면 백전리 백전초등학교 용소분교
2001. 6. 5 촬영

회였다. 나는 2001년 6월 5일에 방문하였다. 대략 5개월 후에 분교음악회가 있었다.

예민의 저서인《분교음악회, 숲이 된 122개의 추억》을 통해 그날의 기억을 따라가 보자. 2001년 9월부터 2002년 9월까지 1년여 시간 동안의 기록이다. 깊은 산골과 섬마을의 122개의 분교, 7만여 킬로미터를 순례한 음악회의 흔적을 따라가는 이야기이다. '분교음악회 열여섯 번째 이야기 – 백전초등학교 용소분교' 편을 축약하였다.

『날씨가 햇살이 비추긴 했는데 바람이 불어서 추웠다. 작은 음악회는 학교 옆 등나무 벤치에서 열렸다. 아이들은 추위에 아랑곳하지 않았다. 음악회는 신나게 리듬 합주 한 번 하고 '아에이오우'를 부르면서 분위기를 띄우고 시작하였다. 벨 연주로 화음 높이기에 도전하였다. '어느 산골 소년의 사랑 이야기'를 듣고 마술피리의 수화를 배웠다. 수화를 하고 조용히 눈을 감고 노래를 들었다. 은은하게 울려 퍼지는 오카리나 소리와 귓가를 스치는 바람 소리를 들었다. 두 피에로 아저씨가 나타나 신기한 마술을 보여주었다. 또그닥또그닥 소리를 내는 구두를 신고 보여주는 탭댄스에 신이 났다. 교실에서는 깜짝 공연 '춘향전'이 이어졌다.』

20년 만에
용소분교를 다시 찾다

용소분교는 정선군 화암면 백전리에 있다. 북동분교를 방문한 후에 용소분교로 향하였다. 421번 지방도를 타고 화암동굴을 지났다. 화암동굴은 정선의 숨은 명소로 알려진 '정선 화암팔경' 중에서 제4경에 속한다. 동양 최대의 붉은빛 유석폭포와 굴 정면의 대석순이 볼 만하다.

민둥산(1,117m)을 오른쪽에 끼고 사북 방면으로 향하였다. 가는 길에 두 개의 역을 지났다. 민둥산역과 사북역이다. 한때 석탄수송으로 활발하게 운행되었던 정선선과 태백선이 연결된 역이다. 사북읍을 통과하여 합수교에서 좌회전하여 백전리로 들어갔다.

백전리 물레방아길이라는 이정표가 보였다. 여기서부터는 좁고 험한 길로 접어들었다. 곳곳에 움푹 팬 1차선의 좁은 길은 비포장도로와 다름이 없었다. 산으로 올라가는 험한 길을 따라 3km 정도 더 들어갔다.

용소분교에 도착하였다. 20년 전 천진난만했던 네 명의 아이들이 떠올랐다. 차렷 자세로 똑바로 서서 촬영하였던 산골 아이들은 순진함 그 자체였다. 집에 막 가려고 했던 늦은 오후에 아이들을 잡고 사진을 찍었던 기억이 난다. 촬영을 마치고 꾸벅 인사하던 아이들이 금방이라도 나타날 것만 같았다.

하지만 옛 교정의 모습은 그때와는 사뭇 달랐다. 조금은 음침한 느낌마저 들었다. 공동 작업실로 쓰는 듯하였다. 낯선 사람들이 경계의 눈으로 바라보았다. 제대로 말도 못 붙이고 주위를 둘러본 후 금방 떠날 수밖에 없었다.

분교로 들어서는 입구 앞에는 안내문이 덩그러니 서 있었다. 2008년 3월 1일에 폐교되었음을 알리고 있었다. 예전과 다른 분위기여도 추억만큼은 서려 있는 곳이기에 20년 전 아이들을 생각하니 허전한 마음이 조금이나마 위로가 되었다.

20년 전과 지금의 사진을 비교해 보면서 드는 생각이 있다. 폐교가 되도 안 되어도 아이들이 있어도 없어도 변하지 않는 것은 분교 뒤에 보이는 풍경이다. 계절에 따라 입은 옷들만 약간 달리 보일 뿐이다. 추억의 시간 속에서 변하지 않고 의리를 지키는 것은 자연만이 유일한 것 같다.

20년 후 지금의 용소분교

강원도 정선군 화암면 백전리 백전초등학교 옛 용소분교

2022. 7. 25 촬영

강원도 정선군 임계면 가목리_ 군대분교

예민의 군대분교 음악회는 2001년 11월 3일에 있었다. 용소분교 방문 후 이틀 후에 있었다. 열여덟 번째 음악회였다. 나는 2001년 6월 11일에 방문하였다. 마찬가지로 예민의 저서인《분교음악회, 숲이 된 122개의 추억》을 통해 그날의 기억을 따라가 보자. 역시 '분교음악회 열여덟 번째 이야기-임계초등학교 군대분교' 편을 축약하였다.

『분교에 도착하자마자 두 팀으로 나누어 족구를 하였다. 한바탕 운동장에서 뛰고 난 후 교실로 들어왔다. 난롯가에 옹기종기 모여앉아 리듬 합주를 시작으로 음악회를 열었다. 티베트 종을 꺼내어 소리듣기를 하였다. 아이들은 트라이앵글, 큰북, 작은북, 탬버린, 캐스터네츠로 리듬 합주를 하였다. 그리고 마술피리 노래와 수화에 푹 빠져있었다. 마네킹처럼 닮은 밟아 아저씨들이 아이들 얼굴에 그림을 그렸다. 친구 얼굴을 보고 박장대소를 하면서 즐거워하였다. 아이들이 부르는 아에이오우 노래에 맞춰 멋진 탭댄스로 보여주었다. 점심으로 따뜻한 난롯가에 모여앉아 먹는 뜨끈한 라면이 꿀맛이었다. 음악회의 마무리로 그림일기 그리기와 충선 아저씨와 인터뷰하는 시간을 가졌다.』

20년 전 군대분교 전교생

강원도 정선군 임계면 가목리 임계초등학교 군대분교
2001. 6. 11 촬영

20년 만에
군대분교를 다시 찾다

군대분교는 정선군 임계면 가목리에 있다. 정선읍에서 출발하여 동해 방면으로 42번 국도를 타고 갔다. 서울의 한강과 이름이 같은 강변을 옆에 끼고 향하였다. 강가의 넓은 자갈밭을 보니 어렸을 적 냇가에서 놀았던 시절이 생각났다.

면 소재지로 제법 커 보이는 임계면을 지나 도전삼거리에서 우회전하여 가목리로 들어갔다. 백두대간 약초나라라는 표지판이 보였다. 임계천을 지나니 몇 개의 펜션이 보였다. 그러다 갑자기 깊은 산골에 들어가는 느낌이 들었다. 9월 중순이라 붉은빛을 준비하는 산세가 무척 예쁜 길이 펼쳐졌다.

가는 길에 두 개의 역사가 볼 만하였다. 나전역과 아우라지역이다. 폐교로 가는 길이라 남다른 의미로 다가왔다. 두 역사는 석탄 산업이 호황을 누리던 시절에 정선선으로 개통되었다. 석탄수송 시대가 막을 내리면서 지금은 정선아리랑열차를 운행하고 있었다. 새롭게 관광테마열차로 변신한 것이다. 역사의 운명 또한 시골분교와 비슷하였다.

나전역은 시골분교처럼 아담한 모습으로 남아 있었다. 국내 1호 간이역 카페로 변신하였다. 평일 낮임에도 사람이 꽤 있었다. 이름도 특이한 아우라지역도 주변의 볼거리로 관광객을 맞이하고 있었다. 두 역사 모두 영화, 드라마, 광고 촬영지로도 잘 알려져 있었다.

주변 역사를 관광하면서 여유롭게 길을 따라가다 보니 어느덧 군대분교의 교정이 보였다. 다행히 흰색 건물의 교실은 남아 있었다. 책 읽는 소녀상은 여전히 순백의 모습으로 수줍은 듯 독서에 여념이 없었다. 교실 옆에는 아이들의 동심이 녹아있는 예쁜 그림이 그대로 걸려 있었다. 여기가 분교였음을 기억해 달라고 남긴 흔적 같았다.

정선의 깊은 산골의 군대분교에는 지금은 아이들이 없지만 예민의 '어느 산골소년의 사랑 이야기'의 은은한 노래는 아직도 귓가에 들리는 듯하였다. 그렇게 예민이 분교음악회를 열었던 군대분교를 뒤로하고 또 다른 분교를 향해 떠났다.

20년 후 지금의 군대분교

강원도 정선군 임계면 가목리 옛 군대분교
2022. 9. 22 촬영

한석규 011 스피드 광고
부연분교

"꼭 011이 아니어도 좋습니다.
그리운 얼굴들과 나누는 기쁨이 더 많아졌으면 좋겠습니다.
SPEED 011"

영화배우 한석규가 나오는 이동통신사 광고 카피다. 익숙한 팝송과 어울려 나오는 한석규의 중저음 목소리가 좋다. 예전 핸드폰을 써본 사람이라면 어렴풋하게라도 기억이 나는 장면이다. 워낙 유명했던 이동통신사 광고 시리즈 중 하나였기 때문이다. 그리운 옛 친구들과 함께 놀던 기억을 소재로 '친구' 편으로 선보인 광고이다.

한석규 011 스피드 광고

당시 광고에서 한석규가 앉아 있는 등나무 뒤로 보이는 예쁜 건물이 인상적이었다. 태극기가 보이니 학교 건물이긴 해도 정말 이런 곳이 있나라고 생각했을 정도였다. 방송용 세트인 줄 알았던 사람도 많았다. 이 광고의 배경으로 나오는 작은 학교가 바로 부연분교이다.

당시 광고를 보고 너무 놀랐다. 부연분교를 바로 얼마 전에 다녀왔기 때문이다. 기억하기로는 분교를 다녀오자마자 광고가 나왔다. 너무도 신기한 일이었다. 누구보다도 제일 먼저 알아본 것은 당연하였다.

오지 중의 오지 부연분교 가는 길

부연분교는 2001년 6월 12일 방문하였다. 강원도 강릉시 연곡면 삼산리에 위치해 있다. 오지 중의 오지였다. 오대산 국립공원 쪽에서 들어가는 길을 택하였다. 산 넘고 물 건너 간다는 말 그대로였다. 가도 가도 끝이 없어서 포기하고 싶을 정도였다.

당시는 거의 비포장도로였다. 차가 산꼭대기를 넘어갈 때는 어떻게 될 것 같은 두려움마저 들었다. 방문할 때가 6월 중순이었으니 더운 날씨였다. 분교에 가까워지니 싸늘한 기운마저 들었다. 워낙 산골이어서 여름에도 시원함을 느낄 정도였다. 겨울에는 얼마나 추울지 짐작이 안 될 정도였다.

드디어 부연분교에 도착하였다. 보물을 찾은 기분이었다. 길이 너무 힘들어 안도감이 들었다. 분교가 너무 예뻐서 감탄이 절로 나왔다. 건물 뒤로 짙은 수풀림이 병풍처럼 펼쳐져 있었다. 검은색 벽과 푸른색 지붕의 묘

20년 전 부연분교 전교생

강원도 강릉시 연곡면 삼산리 신왕초등학교 부연분교
2001. 6. 12 촬영

한 조화는 한 폭의 그림을 보는 것 같았다.

산골 오지인데도 전교생이 아홉 명이나 되었다. 분교 선생님은 건물이
보존학교로 지정되어 있다고 하였다. 그래서 절대로 손을 댈 수 없다는 것
이었다. 보기 좋은 모습을 지키는 데는 좋지만 추위에는 무방비일 수밖에
없다고 하였다.

사진 속 아이들을 보면 6월 중순인데도 긴소매를 입은 아이들이 많다.
그만큼 싸늘한 날씨였다. 부연분교 사진을 볼 때마다 운동장에 그려져 있
는 자국도 묘한 느낌을 준다. 예쁜 부연분교 교정과 아홉 명의 아이들 그
리고 운동장 자국이 어우러진 사진은 최고의 장면 중 하나이다.

동화 같은 오지, 부연마을

부연마을은 '부연동계곡'이 유명하다. 오대산이 발원지이다. 여러 갈래
의 물들이 모여 만들어졌다. 물빛이 밝고 수량이 넉넉하다. 주변에 오염원
이 없다. 지금도 청정한 지역으로 남아 있다. 미지의 동화 같은 오지이다.
천혜의 자연 요새가 따로 없다.

예전 이름은 가마소골이었다. 마을을 흐르는 계곡에 가마솥 모양의 가
마소가 있어 붙여진 이름이다. 높고 험한 산으로 둘러싸여 있다. 6·25를
모르고 살았을 정도라고 한다. 사방의 높은 산 덕분에 토종꿀 산지로도 잘

알려져 있다.

부연동 약수에도 사람들이 많이 찾는다. 약수는 아랫마을에 있다. 철분이 많이 함유된 탄산수로 위장병에 효험이 있다. 약수로 밥을 지으면 맛이 뛰어나다. 마을 사람들은 "반찬이 없어도 꿀맛"이라 자랑한다. 약수터 주변 경치가 아름답다. 숲과 계곡이 살아있다. 건강한 약수와 맑은 공기, 그리고 아름다운 경치가 있는 곳이다.

20년 만에
부연분교를 다시 찾다

정선군 임계면에 있는 군대분교에서 부연분교로 향하였다. 강릉시 성산면으로 가는 456번 지방도로를 탔다. 성산에서 횡계를 거쳐 진부령 쪽으로 넘어갔다. 깊은 산세를 보며 가는 길이 시원함을 느끼게 하였다. 산 넘어 멀리 동해바다가 보였다. 행신교차로에서 연곡 방면으로 향하니 오대산이 앞에 펼쳐져 있었다. 오대산 위로 걸쳐 있는 뭉게구름이 오랜만에 찾아오는 손님을 반기고 있었다.

'부연동 마을관리휴양지'라는 안내판이 보이는 삼거리가 나왔다. 우회전하여 들어갔다. 지금까지와는 전혀 다른 길이었다. 1차선으로 줄었다. 펜션과 산장 몇 채가 있었다. 갑자기 도로가 등산로처럼 변하였다. 앞에서 차가 오면 서로 가기가 어려울 정도로 좁은 길이 계속 있었다. 꼬불꼬불한 언덕길이 이어졌다.

갑자기 길이 험해지니 예전 기분이 살아났다. 비포장도로가 아닌 것이 다행이었다. 거의 산꼭대기까지 올라가는 길을 넘으니 부연마을 팻말이 보였다. 시대가 변하면서 길이 좋아진 것은 맞지만 여전히 부연분교로 가는 길이 험하기는 마찬가지였다.

드디어 부연분교에 도착하였다. 그런데 막상 도착하고 보니 상상하지 못한 일이 눈앞에 펼쳐졌다. 그 예쁜 교정이 아예 없어진 것이다. 내가 잘못 온 것은 아닌지 네비게이션을 몇 번이나 체크할 정도였다. 분명 인터넷 지도에는 남아 있었다. 사진이라도 다시 남기고 싶은 마음으로 멀리 찾아왔는데 말로 표현할 수 없을 만큼 실망감이 컸다.

교정이 있던 자리를 둘러보고 근처 조그만 가게에 들렀다. 안에 있는 주민에게 여쭤보았다. "분교가 분명히 있었는데 언제 없어졌나요? 그리고 보존건물인데 없앤 이유가 무엇인가요?" 주민은 "올해 6월에 건물을 철거했어요. 무슨 이유 때문인지는 모르겠어요."라고 대답하셨다.

그러면서 "주민들이 모두 아쉬워해요. 분교가 너무 예쁘고, 광고에도 나오고 해서 남기를 바랐는데 너무 안타까워요."라고 덧붙였다. 주민이 20명 정도밖에 안 되는 작은 마을에서 분교는 자식 같은 곳이었다. 애정이 듬뿍 담겨 있었다. 진정으로 안타까움이 묻어나는 표정이었다.

20년 만에 방문한 나도 아쉬움이 큰데 주민들의 마음은 어떨까 짐작이 갔다. 조금 더 일찍 오지 못한 후회도 컸다. 20년이 지난 지금의 모습을 꼭 사진으로 남기고 싶었는데 말이다. 부연동계곡의 바위 틈으로 흐르는 물소리가 처량하게 들렸다. 그렇게 부연분교의 추억을 가슴에 안고 쓸쓸히 떠났다.

20년 후 지금의 부연분교

강원도 강릉시 연곡면 삼산리 신왕초등학교 옛 부연분교 자리

2022. 9. 22 촬영

KBS 〈1박 2일〉
운치분교

"지난 1박 2일 동안 함께해줘서 고마웠던 건 오히려 우리들이었습니다. 같은 눈높이로 이야기하고 서로의 어깨를 기대며 우린 따뜻한 봄이 왔음을 알 수 있었습니다. 햇살처럼 아름답고 풍요로운 곳 운치분교 그리고 동강으로 오세요."

KBS 1박 2일
〈동강에 가다〉 편

KBS 〈1박 2일-동강에 가다〉 편에 나오는 마지막 멘트이다. 1박 2일 동안의 정감 어린 추억이 묻어 있다. 전교생 8명의 아이에게 어린이날을 맞이하여 잊지 못할 추억을 선사해주고자 기획되었다. 방송은 2008년 4월에 2주간에 걸쳐 방영되었다.

방송에서 분교 사진을 보자마자 그렇게 반가울 수가 없었다. 20년 전에 촬영한 시골분교 사진 중에 가장 좋아하는 운치분교가 나왔기 때문이었다. 예능 프로그램 중에서 'MBC 신동엽의 러브하우스 북동분교' 편과 함께 가장 기억에 남아 있다. 동강처럼 순수한 운치분교 어린이들과의 추억을 잠시 따라가 보자. 방송 내용을 축약해 보았다.

『방송은 강원도 정선 기차역 앞에서 시작된다. 아직 찾아갈 분교는 모른다. 단서는 달랑 사진 한 장뿐이다. 1시간 30분 안에 도착해야 한다. 실패하면 1분에 한 바퀴씩 운동장을 도는 벌칙이다. 택시기사와 강원도 정선교육청에서 알려준 대로 운치2리로 향한다. 동강의 아름다운 경치에 감탄한다. 눈 돌리는 곳마다 모두 그림이다. 강을 끼고 달리는 최고의 드라이브 코스이다. 길옆의 장관을 보고 환호성을 지른다. 서둘러야 하는데도 자꾸 절경들이 눈을 잡아끈다. 운치분교장이라는 안내판이 보인다. 길옆에 서 있는 학교를 발견한다. 드디어 운치분교에 도착한다. 목표시각 3분을 남기고 극적으로 도착한다. 아이들을 놀래주기 위해 각자 탈을 쓴다. 서울에서 온 동물 6마리가 교실 안으로 들어간다. 분교 아이들과 반가운 만남이 이루어졌다. 내일 아이들과 동강으로 소풍을 가기로 약속한다. 모두 재미있는 추억을 만들기로 한다. 때 묻지 않은 아이들과 물놀이를 즐긴다. 올챙이도 잡는다. 어색해하던 아이들이 손을 내밀어 이끌어 주었다. 봄날처럼 맑았던 아이들은 그렇게 마음을 열었다. 동강 옆 작은 마을에서 순수함으로 살아가는 아이들과 하나가 되었다. 본래 아이들을 직접 바래다주기로 했다. 하지만 대부분 걸어서 1시간 넘어가는 거리에 집이 있다. 어쩔 수 없이 차로 데려다주었다. 부모님들에게 내일 소풍 가는 가정통신문을 전달한다. 아이들 집에 도착하여 부모님들을 만나 시골의 정감을 느낀다. 어느덧 날이 저물고 저녁 식사와 잠자리 복불복 게임을 실시한다. 그렇게 운치분교에서의 하룻밤이 지나간다. 다음날은 약속대로 운치분교 아이들과 소풍 가는 날이다. 차로 아이들을 데리러 간다. 차 안에서 노래를 부르며 소풍을 간다. 게임도 즐긴다. 그렇게 소풍 장소를 찾아간다. 동강 옆 언덕 위의 잔디밭에 도착한다. 아름다운 동강 변에서 소풍을 시작한다. 짝짓기 게임, 줄넘기 놀이, 줄다리기 게임을 한다. 아이들이 가장 원하는 것을 선물하기 위해 추억의 요리를 선사한다. 아이들을 위한 깜짝 이벤트이다. 특수제작한 마법의 요리차까지 왔다. 아이들이 짜장면을 먹으려면 3시간 거리 읍내에 나가

20년 전 운치분교 전교생

강원도 정선군 신동읍 운치리 예미초등학교 운치분교
2001. 6. 5 촬영

야 한다. 그래서 아이들에게 최고의 선물이다. 드디어 마법 요리차가 공개된다. 아이들의 표정이 밝아진다. 먹고 싶은 것이라면 무엇이든 준비되었다. 뭐든지 요리해 드리는 마법의 요리차가 선보인다. 아이들을 위한 1박 2일 레스토랑이다. 탕수육, 짜장면, 스파게티, 햄버거, 돈가스, 아이스크림을 먹는 아이들은 그저 즐겁기만 하다.」

최고의 시골분교 사진

운치분교 촬영은 〈1박 2일〉 방송 7년 전인 2001년 6월 5일에 있었다. 이날은 시골분교 촬영에서 최고의 날이었다. 사진 중에서 가장 으뜸으로 꼽는 북동분교와 운치분교를 촬영했기 때문이다. 두 학교 모두 워낙 오지에 있었다. 무척 힘들고, 고된 길이었다. 그래도 보람 있는 하루였다.

운치분교 사진은 조형미와 색상 그리고 소재의 조화에서 묘한 느낌을 준다. 멀리 보이는 흐릿한 두 개의 높은 산봉우리에는 신비함이 묻어있다. 그 앞에 펼쳐진 짙은 나무숲은 시골 냄새를 물씬 풍기게 한다. 빨간색 지붕은 20년 전보다 훨씬 먼 옛날로 우리를 안내한다.

반바지를 입은 순진무구한 다섯 명의 아이들이 균형감을 살려준다. 보일 듯 말 듯 운동장 자국도 부연분교와는 다른 느낌이다. 뒤에 보이는 태극기를 비롯한 두 개의 깃발이 없었으면 허전했을 법하다. 사진이 더욱 좋은 건 동강의 운치가 같이 서려 있기 때문이다.

운치와 정감이 흐르는 동강 마을

운치분교가 위치한 강원도 정선의 운치리는 동강을 따라 형성된 마을이다. 동강의 물안개가 늘 산마루를 떠돌아서 운치리라고 불렸다고 한다. 곰봉(1,015m)을 등지고 동강을 바라보는 배산임수背山臨水의 명당에 자리 잡은 오지 마을이다. 이름처럼 운치와 정감이 넘쳐 흐른다.

운치리 근처 '정선나리소전망대'에서 보는 경치가 장관이다. 깎아지른 뺑대(벼랑의 이 지방 사투리)의 위엄에 아래로는 잔잔한 강물이 유유자적 흐른다. 푸른빛을 띠는 강물을 보면 어느새 평온함에 빠진다. 운치리 앞 백운산(883.5m)과 동강이 만나서 만들어낸 장엄함은 한 폭의 수채화와 다름없다.

정선할미꽃서식지가 오는 길에 있다. 동강할미꽃은 동강 유역에서만 자생한다. 키가 15~20cm 정도 된다. 하늘을 향한 꽃 모양이 이채롭다. 동강 일대 절벽이나 바위에서 뿌리내린다. 봄 여행객들이 설레는 마음으로 즐겨 찾는다. 흰색, 보라색, 자색 등 화사하게 꽃피우는 생명력이 신비롭다. 아름다운 자태로 사람들에게 순박함을 선사한다.

20년 만에
운치분교를 다시 찾다

〈1박 2일〉에서 갔던 길로 가보고 싶었다. 정선읍에서 42번 국도로 가다가 가수리 방면으로 향하였다. 그야말로 눈길 가는 곳마다 절경이었다. 〈1박 2일〉에서 출연진들이 차를 타고 가면서 감탄한 이유를 실감할 수 있었다.

동강의 줄기와 높은 산세가 짝을 이루듯 잘 어울렸다. 귤암리 방면으로 오른쪽에는 나팔봉(693.4m), 왼쪽에는 병반산(861.4m), 구뎅이산(830.6m)이 서 있었다. 어느덧 가수분교를 지나쳤다. 오른쪽에 백운산을 (883.5m) 끼고 정토암 방면으로 우회전하여 들어갔다. 예미초등학교 운치분교장 안내판이 또렷하게 보였다.

드디어 운치분교에 도착하였다. 여전히 길옆에 마을의 터줏대감으로 자리 잡고 있었다. 촬영한 시골분교 중 강원도에서 유일하게 폐교되지 않은 곳이 운치분교이다. 유구히 흐르는 동강의 줄기처럼 꿋꿋하게 버텨주고 있었다. 오지 마을의 외로움에도 아랑곳하지 않고 산골 아이들의 든든한 버팀목이 되어주고 있다.

너무 늦은 시간에 도착해서 그런지 아이들은 없었다. 하지만 폐교에서 느끼는 황량함과는 분명히 달랐다. 곳곳에 아이들이 남긴 흔적들이 정겹게 느껴졌다. 그런데 운치분교만의 상징이었던 빨간 합석 지붕이 있는 건물이 없어졌다. 왠지 다른 곳에 온 느낌도 들었다. 폐교가 안 된 것은 다행이었지만 왠지 아쉬운 마음은 속일 수 없었다.

그래도 다행스럽게 추억이 듬뿍 묻어나는 건물이 지금은 없지만 사진에는 남아 있다. 그렇게 정감어린 교정은 사진으로 오래도록 기억될 것이다. 이것이 바로 사진이 지니는 기록의 가치인 것이다.

20년 후 지금의 운치분교

강원도 정선군 신동읍 운치리 예미초등학교 운치분교
2022. 7. 25 촬영

tvN 〈시나브로 꿈 조작단〉
호도분교

"우리 마을은 이맘때쯤이면 어획을 끝내고 마을 잔치를 크게 열었어요. 그런데 작년부터는 코로나로 인해 일상의 소소한 즐거움을 잃은 것 같아요. 그래서 마을 주민을 위한 음악회도 준비하고 장수 과자도 만들었는데 약속한 날 그만 태풍이 불고 말았어요. 꼭! 우리 마을에 저희가 기쁨을 선물할 수 있도록 도와주세요."

tvN 〈시나브로 꿈 조작단
– 호도분교〉 편

tvN 〈시나브로 꿈 조작단-호도분교〉 편에서 두 여학생이 보내온 사연이다. 방송은 마을에 활기를 선물하고 싶은 아이들의 바람에 따라 기획되었다. 섬마을 주민들을 위한 '호도 콘서트'를 계획하고 실행에 옮겼다. 방송은 2021년 11월에 2주간에 걸쳐 방영되었다.

호도분교는 '시나브로 꿈 조작단'의 첫 사연이다. 아이들의 꿈을 위해 떠난 첫 번째 여정이었다. 아이들의 꿈을 응원하고 잠깐이나마 이뤄주는 역할이다. 배우 유인나가 단장으로 나온다. 아이돌 가수 강승윤과 개그맨 이용진이 함께 진행한다. 시나브로 꿈 조작단이 준비한 아주 특별한 선물인 평생 잊지 못할 단 하루의 기적을 따라가 보자. 방송 내용을 축약하였다.

『방송은 꿈 조작단 단원 모집으로 시작한다. 유인나 단장은 내면의 아름다움을 가진 사람이 팀원이어야 한다고 생각한다. 아이돌 가수 강승윤과 개그맨 이용진을 만나 단원으로 합류시킨다. 아이들의 꿈을 이루어주기 위해 아름다운 섬 호도로 달려간다. 섬에 도착해서 먼저 학교로 향한다. 호도의 작은 오솔길을 따라 걸으면 숲속에 둘러싸인 작은 학교의 모습이 드러난다. 사연자인 호도분교의 두 학생을 만난다. 친구처럼 편하게 대화하자며 서로 반말을 제안한다. 자기소개 시간이다. 5학년 고가은 학생은 체육을 잘하고 자신을 끼쟁이라고 소개한다. 5학년 조하연 학생은 수학을 잘하고 서울에서 1학년 마치고 할머니가 좋아서 호도로 왔다고 말한다. 연예인과 MC가 되고 싶은 가은이는 '호도 콘서트' 공동 MC를 맡아 장래 희망을 미리 경험하도록 한다. 파티시에를 꿈꾸는 하연이는 셰프 이원일과 함께 디저트를 만드는 시간을 마련한다. 호도 해변에 마련된 콘서트장이 장관이다. 아주 특별한 무대가 마련되었다. 전기가 부족한 섬의 여건을 극복한 조명이 해변과 어우러져 아름다운 분위기가 연출되었다. 평생 잊지 못할 단 하루의 기적을 만들기에 충분하다. 초대 손님으로 트로트 가수 홍잠언과 박현빈이 참여하여 흥을 북돋운다. 가수들의 무대가 진행되면서 환호와 박수로 콘서트 열기가 더해간다. 불꽃놀이가 해변의 밤하늘을 수놓으면서 콘서트가 마무리된다. 평범했던 일상이 특별하게 바뀌는 순간이다. 호도 주민 모두에게 잊지 못할 밤이다. 오래도록 기억될 행복했던 호도의 밤은 이렇게 저물어 갔다.』

고향과 가까워서 왠지 익숙했던 호도 가는 길

호도분교는 2002년 5월 22일에 촬영을 하였다. 분교가 위치한 호도는 충청남도 보령에 있는 섬이다. 20년 전 그날은 왠지 고향과 가까운 곳을 방문하고 싶었다. 강원도 산골 오지와 경상남도와 전라남도 외딴 섬으로 가는 먼 여정으로 지친 터였다. 그래서 가까운 곳으로 방향을 잡았던 것 같다.

어렸을 적에 여름만 되면 자주 찾았던 대천해수욕장 근처에 있는 대천 항에서 여객선을 탔다. 서해안에서 타는 배는 언제나 편안함을 느낀다. 익숙함이 좋다. 고향인 홍성과 가깝다는 심리적인 안정감을 준다.

섬에 있는 분교인데도 전교생이 아홉 명이나 되었다. 듬성듬성 맨땅이 보이는 잔디가 깔린 운동장이 기억에 남아 있다. 당시 잔디가 깔린 운동장이 흔치 않았기 때문이었다. 운동장 한가운데에서 천진난만하게 촬영에 임하였던 아이들이 생각난다. 왁자지껄한 분위기여서 그런지 개구쟁이와 함께했던 시간으로 추억되고 있다.

20년 전 호도분교 전교생

충청남도 보령시 오천면 녹도리 청파초등학교 호도분교
2002. 5. 22 촬영

여우를 닮은 섬, 호도

호도는 은빛 백사장과 수석처럼 아름다운 기암괴석이 많은 섬이다. 섬 모양이 여우처럼 생겨 여우섬이라 불리었다. 마을은 섬의 북동쪽 해안에 자리하고 있다. 회갈색의 기묘한 형상의 바위가 부두 주위를 빙 둘러서 있다. 마치 사람이 만든 솜씨로 착각하게 한다.

대천항에서 여객선을 타면 40분 정도 걸린다. 도착하면 자연스레 마을을 지나 호도해수욕장으로 향하게 된다. 활처럼 휘어진 1.5km의 은백색 해변이 펼쳐져 있다. 유리를 만드는 재료인 규사가 만든 해변이라 반짝거림이 유난스럽다. 물이 빠지면 백사장 모래 위에 남은 물결무늬가 무척 아름답다. 잘 알려지지는 않았지만 보통 해수욕장과 비교해도 손색이 없다.

해안가에는 60여 가구의 민박촌이 형성되어 있다. 가족 단위의 호젓한 피서를 즐기기엔 제격이다. 20분이면 동네 한 바퀴를 돌아볼 수 있을 정도로 작은 섬이다. 자전거와 오토바이 그리고 리어카가 주요 교통수단이다. 인구는 200여 명이 살고 있다. 주민 대부분이 농업과 어업에 종사한다. 농산물은 쌀, 콩, 고구마, 마늘, 고추, 깨 등이 재배된다. 해산물은 해삼, 전복, 소라, 성게 등이 어획된다.

20년 만에
호도분교를 다시 찾다

싸늘한 기운이 감도는 흐린 가을 날씨였다. 여객선은 대천항에서 10시에 출발하였다. 본래 여객선은 하루에 두 편 운행하였다. 지금은 한 편이 운행되고 있었다. 여객선에 꽤 많은 승객이 보였다. 대략 50여 명은 되어 보였다. 시장을 보고 가는 주민이 대부분이었다. 간혹 낚시 여행을 가는 관광객도 보였다.

배가 출발한 지 얼마 안 되어 해저터널로 유명해진 원산도가 보였다. 길게 누워있는 듯한 큰 섬이 오랫동안 눈에 들어왔다. 오른편에 삽시도라는 섬을 지나갔다. 왼편에는 작은 봉우리처럼 봉긋 솟은 토끼섬, 볼모도, 외점도가 있었다. 도착할 무렵에는 정면에 호도, 왼쪽에 녹도가 한눈에 들어왔다.

섬에 도착하니 항구 어귀에 여러 채의 가옥과 민박집이 보였다. 마을을 가로질러 가니 아담한 정문의 분교가 나왔다. 사람이 보이지 않았다. 선생님과 학생이 없었다. 펄럭이는 태극기만이 아직 폐교가 안 되었음을 알리고 있었다. 교정은 20년 전과 다름이 없었다. 변한 게 있다면 유치원 건물이 들어선 것이었다. 운동장 가운데 배구 코트는 없어진 채 듬성듬성한 잔디밭이 그럴듯한 연두색 빛깔로 펼쳐져 있었다.

근처에 있는 마을 주민을 만나 몇 가지 물었다. "학생 두 명이 있는 것으로 알고 있는데요. 오늘은 본교 수업에 갔나요?" 주민은 "그게 아니고요. 6 학년이라서 아예 본교에서 공부하고 있어요. 올해는 분교가 비어 있었어요."라고 대답하였다. "그럼 내년에는 폐교가 되나요?"라고 물어보았다. "학생 한 명이 입학해요. 그래서 폐교되지는 않아요."라고 이야기하였다. 폐교되지 않는 것만으로 얼마나 다행인가? 녹도분교처럼 한 명의 학생으로 다시 시작하여 더 많은 학생이 들어왔으면 좋겠다.

선착장에 가던 길에 호도해수욕장에 들렀다. 해변을 둘러 보고 싶었다. 넓게 펼쳐진 은빛 백사장이 마음을 평온하게 하였다. 탁 트인 넓은 바다와 군데군데 보이는 작은 섬들의 묘한 조화는 한 폭의 그림 같았다. 오랜만에 해변을 거니는 여유를 맛보았다.

20년 전에는 사진 촬영하기에 바쁜 여정이었지만 지금은 옛 추억을 따라온 여행길이 낭만적으로 느껴졌다. 그래도 20년 전과 변함없는 것이 있다면 바로 추억이 서려 있는 시골분교와 함께하는 여행이라는 사실이다.

20년 후 지금의 호도분교

충청남도 보령시 오천면 녹도리 청파초등학교 호도분교
2022. 11. 3 촬영

제5장

20년 후, 나만의 스토리가 책으로 탄생하다

책 쓰기 도전의 시작

"만약 할아버지께서 책을 쓰셨다면 어땠을까?"

책을 쓰면서 항상 드는 생각이었다. 할아버지께서는 한의사셨다. 지방의 도시 중심부에서 한의원을 운영하셨다. 서해안 지역으로 한약 도매까지 하셨으니 꽤나 큰 한약방이었다. 어렸을 적 은근한 자부심이었다. 자존감이 높아진 원인이었을지 모른다. 언제나 감사한 마음으로 살았다.

매일 새벽 해뜨기 한 시간 전에 일어나셔서 동네를 청소하셨다. 비가 오나 눈이 오나 한 번도 빠짐이 없었다. 사람들에게는 자명종 같은 분이셨다. 매월 5일에는 손자 모임이 있었다. 가훈을 읽고 장기자랑을 하면서 용돈을 주셨다. 모임이 알려져 MBC에서 어린이날 기념으로 특별기획 방송을 한 적도 있었다.

손자들이 다녔던 초등학교에는 장학금을 꼬박꼬박 기탁하셨다. 지역사회 봉사 활동도 활발하게 하셨다. 1950~60년대에 자녀들을 대학에 보냈다. 당시에 한 명도 아니고 자녀 대부분을 대학에 진학시킨다는 것은 쉬운 일이 아니었다. 이외에도 열거할 수 없는 많은 사회 활동을 실천하셨다. 할아버지께서는 시대를 앞서가신 분은 분명하였다.

결혼한 해인 1999년에 87세의 나이로 세상을 떠나셨다. 할아버지가 돌아가시고 얼마 안 되어 한약방 약제사께서 빨간색 표지의 책력을 주셨다. 꽤 많은 양이었다. 할아버지의 일기였다. 하루하루 일과가 꼼꼼히 기록되어 있었다. 당시에는 어떻게 할지 몰랐다. 누구에게 전달한 것으로 기억된다. 아마 흐지부지하게 없어졌을 것이다.

지금 생각하면 아쉬움이 너무 크다. 만약 할아버지께서 책을 쓰셨다면 어땠을까? 아니면 나라도 책으로 편집하였다면 어땠을까? 어려웠던 시절에 지방의 존경받는 어른으로서 많은 사람에게 귀감이 되었을 것이다. 단순히 좋았던 할아버지가 아닌, 책으로 다시 태어나는 할아버지의 인생을 만날 수 있었을 것이다.

할아버지의 생전 모습

책 쓰기 시작은 블로그

책 쓰기 도전의 시작을 언급하면서 할아버지 이야기를 꺼낸 이유가 있다. 할아버지께서 책을 쓰셨으면 어땠을까 하는 아쉬움과 함께 지금의 책 쓰기 환경이 예전과는 다르다는 점을 이야기하고 싶었기 때문이다.

당시에는 책을 쓰는 것이 특별한 사람의 일이라고 생각하였다. 보통 사람들이 책을 쓴다는 것은 엄두조차 내기 힘든 시절이었다. 인터넷 검색은 고사하고 정보와 자료가 모두 부족하였다. 자신의 글을 내보일 공간 찾기는 너무 힘든 일이었다. 당연히 책 쓰는 방법을 배운다는 것은 생각조차 어려웠다.

지금은 그렇지 않다. 책 쓰기는 이제 특별한 사람의 전유물이 아니다. 마음만 먹으면 얼마든지 가능한 시대이다. 남녀노소 상관이 없다. 배움의 차이도 문제되지 않는다. 책 쓰는 방법을 배우기는 너무도 쉽다. 필요한 것은 책을 쓰겠다는 의지와 실천뿐이다.

처음 글을 쓰게 된 것은 개인 블로그 활동이었다. 7년 전 어느 대학 특강이 계기가 되었다. 아산시청에서 기업협력관으로서 근무할 때였다. 관내 기업을 방문하면서 시에서 도움을 주는 일을 하고 있었다. 대학에서 중소기업 대표를 대상으로 강의 프로그램이 개설되었다. 기업 대표들을 만나는 좋은 기회라고 생각하여 강의에 참여하게 되었다.

강의 중에서 블로그 관련 특강이 있었다. 강사의 말이 뇌리에 꽂혔다. "개인 블로그를 개설하여 자신의 전문분야에 대한 정보를 1주에 2~3개 정도 꾸준히 올려보십시오. 1년 후에 어떻게 인생이 바뀌는지 경험해 보시기 바랍니다." 그리고 "자신이 올린 블로그에 글을 보는 사람을 유입하기 위한 SNS 활동을 하면 좋습니다."라고 덧붙였다.

강의를 듣고 그날 당장 개인 블로그를 개설하였다. 하루를 넘기지 않고 바로 실천에 옮긴 것이다. 강사가 시키는 대로 1주에 2~3개씩 빠짐없이 기업 관련 정보를 블로그에 올렸다. 처음에는 기업정보 기사를 링크하는 방식이었다. 시간이 지나면서 직접 글을 쓰는 작업을 늘려나갔다. 페이스북, 트위터, 카카오스토리, 밴드 등의 SNS 활동도 병행하였다.

이것이 책 쓰기 도전의 시작이었다. 1년 후에는 대학에서 강의 요청이 들어왔다. 그때 시작한 강의는 지금까지 지속하고 있다. 이후에는 겸임교수에 임용되었다. 지역에서는 기업전문가로서 명성이 높아졌다. 다양한 기업 네트워킹도 구축할 수 있었다. 강사가 이야기한 대로 개인 블로그 활동은 인생의 많은 변화를 가져왔다.

기업방문기와 스토리텔링 그리고 한 줄 서평

이처럼 책 쓰기 환경은 예전과 분명 다르다. 지금은 글을 쓰고 책을 내는 데 너무나 좋은 환경을 갖추고 있다. 그중에서 블로그가 대표적이다.

블로그는 글쓰기 능력을 키운다. 글쓰기에 자신감이 붙는다. 다양한 콘셉트를 적용하여 글쓰기의 폭을 넓힌다. 자신을 브랜딩하기에 적합하다. 블로그 글이 쌓여 책 쓰기로 연결하기도 한다.

물론 블로그 글쓰기는 책 쓰기와는 다르다. 대표적으로 블로그는 다양한 주제의 글을 비교적 짧게 쓰는 방식이다. 반면 책 쓰기는 어느 한 주제에 집중하여 길게 이야기를 엮어간다. 이외에도 다른 점이 많다. 하지만 블로그 글쓰기는 책을 쓰는 데 도움이 되는 매우 유용한 방법인 것은 분명하다.

블로그 글쓰기는 '기업방문기'로 시작하였다. 기업에 방문하면서 특별한 스토리를 담아내는 방식이었다. 기업방문을 기록으로 남기는 것도 의미가 있다고 생각하였다. 블로그에 올린 글은 전혀 예상치 않은 파급력을 가졌다.

기업방문기가 알려져 시청에서 발간하는 〈아산신문〉에 1년간 연재가 되기도 하였다. 그 뒤 몇 군데 기관에서 발행되는 소식지에도 연재되었다. 지방 유력 신문사에서는 인터뷰가 실리기도 하였다. '기업방문기'의 소재가 된 기업에서는 홍보 효과를 톡톡히 보았다는 고마움을 표시해 주었다. 글쓰기 위력을 처음 실감한 것이다.

'기업방문기'에 이어진 글은 '스토리텔링'이었다. 사회적 관심 사항을 주제로 하여 생각을 정리한 글이었다. '친구 같은 아빠, 프렌디 나는 잘하고 있나?'라는 글이 기억에 남는다. 두 딸에 대한 육아와 교육에 고민이 많앗던 때였다. 당시 인기리에 방영되었던 아빠 육아 예능 프로그램을 예로 들면서 자녀 육아에 대한 아빠의 역할에 대해 글을 썼다.

이어진 글쓰기 주제는 '한 줄 서평'이었다. 그동안 '한 권의 책에서는 한 개의 문장을 발견하면 된다.'라는 말을 기억하면서 독서를 해왔다. 이렇게 한 권의 독서를 통해 발견한 최고의 문장에서 얻게 되는 교훈을 되새기는 글이었다. '한 줄 서평'은 이후 강의에도 활용되었다. 그리고 필사로 이어지는 계기가 되기도 하였다.

필사로 뽑은 최고의 문장들

"자기 확신이라는 갑옷에 균열을 내라!"

마크 맨슨의 《신경끄기의 기술》에서 선정한 최고의 문장이었다. '한 줄 서평'에 이어진 주제는 '필사로 뽑은 최고의 문장들'이었다. 책을 내보겠다는 마음을 처음 갖게 된 계기였다. 한 권의 책을 읽고 부분 필사를 한 것이 노트로 20권이 넘는다. 이렇게 100권의 책을 필사한다면 충분히 책으로 낼 수 있겠다는 생각을 하게 된 것이다.

필사는 전체 필사와 부분 필사가 있다. 주로 부분 필사를 하였다. 독서를 하면서 밑줄 친 문장을 손으로 노트에 적는 작업이었다. 필사는 책 내용을 더욱 마음 깊게 자리 잡도록 도와주었다. 한 권의 책에서 얻게 되는 지혜는 다른 무게로 느껴졌다. 노트 여백에는 문장에서 느낀 감정을 적었다. 다른 사람과의 대화나 강의에서 사용하고 싶은 문장은 쉽게 찾을 수 있도록 특별히 표시해 놓았다.

앞에서 언급한 최고의 문장에서 느낀 생각을 이렇게 적어보았다.

> "내 나이 50이 넘은 지금, 별것도 아닌 일에 화내거나 심란해하는 나를 보면서 아직 멀었나 하는 생각이 든다. 하지만 이것이 자기 확신이라는 갑옷에 균열을 내는 과정이라면 그나마 다행이 아닌가? 과도한 자기 확신은 오만함과 경직된 사고를 부를 수 있다. 우리 사회는 이제 자기주장이 강한 신념 어린 태도보다는 유연한 사고를 지닌 사람을 더 필요로 하는 건 분명하다."

또 하나의 문장을 소개해 본다.

> "나에게는 다른 역할이 있을 거야. 궁극적으로 인간의 모든 동기는 '이바지'입니다. 어떤 사람이든 도움이 될 수 있다면 그걸로 좋습니다. 이바지하기 위해 할 수 있는 일을 하면서 생활해 보세요. 그 과정에서 정말 사소한 기쁨이나 즐거운 일을 매일 찾을 수 있다면, 그것만으로도 충분하지 않을까요?"

이 문장은 구사나기 류순의 《반응하지 않는 연습》에 나오는 내용이다. 필사가 개인 생활에 영향을 미친 대표적인 문장 중 하나이다. 이후 '이바지'는 나에게 중요한 단어로 자리 잡았다. 각오와 다짐을 밝히는 곳에서 이 단어를 줄곧 사용하였다. 앞으로 가야 할 길에 대한 사명감을 가지게 하는 언어가 된 것이다.

이렇게 기업방문기로 시작한 블로그 글쓰기는 '스토리텔링', '한 줄 서평', '필사로 뽑은 최고의 문장들'로 이어지면서 언젠가는 책 쓰기로 그 열매를 맺겠다는 생각을 하게 되었다. 결국에 블로그 글쓰기가 책 쓰기의 초석이 된 것이다.

블로그 '필사 노트' 중에서

"박사학위 취득은 끝이 아니라 사회에 어떤 이바지를 할 것인가에 대한 고민과 실천의 시작이다. 지금까지 도전의 길을 걸으면서 가슴속에 간직해왔던 나만의 소중한 비전이 이제는 나의 인생에서 고귀한 흔적으로 남을 수 있도록 새로운 길을 출발하고자 한다."

박사학위 논문에서 '감사의 글' 마지막 부분에 쓴 글이다. 인생 중반에 가장 큰 목표였던 박사학위를 취득하면서 마음을 정리한 표현이다. 그동안 견뎌온 과정에 대한 감정이 담겨 있다. 앞으로 걸어갈 새로운 각오가 묻어 있다. 목표를 이룬 시점에서 다음 길에 대한 다짐이기도 하다.

박사과정은 40대 후반에 시작하였다. 딱 5년 반 만에 마쳤다. 본래 3년이 목표였다. 직장에 다니면서 한 것이니 늦은 것만은 아니다. 논문 주제와 설문 조사는 과정을 수료하면서 완성하였다. 논문에만 집중한 시간은 1

년 정도 된다. 100일 정도는 직장일 외에는 거의 논문만 쓴 것 같다.

입학 원서를 쓸 때 고민이 많았다. 당시 첫째 딸이 중학교에 입학할 무렵이었다. 교육비가 본격적으로 들어갈 때였다. 자녀가 아닌 나를 위한 투자에 마음이 내키지 않았다. 하지만 지금 못하면 더는 할 수 없다는 생각이 들었다. 부모가 공부하는 모습이 아이에게 귀감이 될 수 있다는 판단도 하였다.

박사과정 중에 건강에 문제가 생겼다. 한 달 이상 머리가 너무 아팠다. 죽을지도 모른다는 생각이 들 정도였다. 뇌동맥 박리 진단을 받았다. 조금만 늦었으면 큰일이 날 뻔하였다. 당시 강의 두 과목, 박사과정 세 과목, 직장 업무 등으로 무리했던 것이 원인이었다. 이후 술도 끊었다. 운동을 시작하였다. 다행히 1년 후 거의 정상으로 회복되었다. 그 일은 나에게 많은 변화를 가져왔다. 자신을 돌아보는 계기가 되었다.

최종 논문 심사 결과를 기다리면서 뜻밖의 경험을 하였다. 잠시 심사장 밖에 있었던 그 짧은 시간에 나도 모르게 눈물이 주체할 수 없이 흘렀다. 무슨 감정이었을까? 경영학 석사를 취득하고 대기업 근무 이후 사진학과 2년제, 사진학과 석사 수료, 교육상담학 박사과정까지 도전의 연속이었던 인생이 주마등처럼 떠올랐다. 기쁨의 눈물보다는 열심히 살았던 나 자신에게 주는 위로 같은 것이 아니었나 생각한다.

박사학위 취득 후의 후유증

학위를 취득하고 2개월 정도는 구름에 떠다니는 듯하였다. 마치 결혼식을 올린 뒤의 기분과 비슷할 정도였다. 모두가 축하해주었다. 다들 생각은 있어도 선뜻 도전하지 못하는 일을 해냈다는 격려가 대부분이었다. 그동안의 어려움이 눈 녹듯 사라지는 기분이었다.

소중한 분을 직접 만나 논문을 전달하는 일도 의미가 있었다. 마치 의식 같은 일처럼 느껴졌다. 논문 첫 페이지에 감사한 마음을 글로 표현하였다. 평소 하지 못했던 마음을 진심을 다해 전하려고 노력하였다. 한 분 한 분마다 가까워지는 느낌을 받았다. 누구나 경험할 수 없는 소중한 시간이었다.

박사학위 수여식에서 부모님과 기념 촬영

교육자셨던 아버님의 눈물은 아직도 가슴이 찡하다. 연로하신 아버지가 아들에게 주는 대견함의 표현이었다. 아들을 꼭 껴안고 졸업사진을 촬영한 어머님의 얼굴은 지금도 흐뭇한 미소를 짓게 한다. 기뻐하시는 부모님을 보면서 효도했다는 위안을 가져보았다.

문제는 그다음부터였다. 대략 2개월 후부터는 허전함이 밀려왔다. 우울증까지 느끼는 것 같았다. 이렇게 집중했던 시간이 지나 목표가 사라진 이후에 느끼는 후유증 같은 것이었다. 목표를 위해 쉼 없이 달려왔으니 조금은 쉴 법도 하다. 하지만 그렇게 되지 않았다.

그게 좋은지 안 좋은지는 중요하지 않다. 목표를 위해 달려왔으니 또 다른 목표를 정하는 것이 필요하였다. 그게 나인데 어쩌겠는가? 지금까지 그렇게 살아왔으니 앞으로도 그렇게 살아갈 수밖에 없는 운명인가 보다. 이제는 박사학위 취득이라는 만족감에서 내려올 때가 되었다는 생각이었다. 다시 운동화 끈을 매고 달릴 때가 되었다고 마음을 먹었다.

책 쓰기 도전의 목표

새로운 목표는 책 쓰기였다. 처음은 독서에서 시작하였다. 다음은 블로그 글쓰기로 이어졌다. 이어진 박사학위 도전은 이전과 다른 큰 목표였다. 다시 시작하는 목표는 책 쓰기였다. 지금까지의 목표들은 서로 동떨어진 것이 아니었다. 기승전결의 일관성 있는 도전의 연속이었다.

혼자 책 쓰기에 도전하는 것은 버거웠다. 몇 년 전부터 책 쓰기 학교를 염두에 두었다. 관련하여 여러 책을 읽었다. 박사학위 논문을 책으로 연결하겠다는 계획을 가져왔다. 그동안의 생각을 이제 실천으로 옮길 때가 되었다는 생각이었다. 다만 어떻게 실천해야 할지가 고민이었다.

2021년 12월 크리스마스 전날에 한 통의 문자가 왔다. 책 쓰기 학교에서 보내준 문자였다. 그 문자가 여느 때와는 다르게 다가왔다. 입문 시 올해 마지막으로 파격적인 혜택을 준다는 내용이었다. 시점도 절묘한 느낌이었다. 실천력만큼은 빠른 스타일답게 바로 전화했다.

"책 쓰기 과정에 입문을 하면 정말로 책을 낼 수 있나요?" 전화로 물었다. 사실 가장 궁금한 것이었다. 열심히 하면 책이 나올 수 있는지 알고 싶었다. 무엇이든 최선을 다해왔으니 그것만큼은 자신이 있었다. 하지만 책이 나오는 것은 다른 문제였다. 그때까지만 해도 아무나 책을 쓰는 것은 아니라는 생각을 했으니 말이다.

"책 쓰기에 도전하는 특별한 이유가 있나요? 현재 어떤 일을 하고 계신가요? 생각하시는 책의 주제는 있으신가요? 책이 나온 이후에 하시고 싶은 계획은 있으신가요?" 전화로 상담한 직원이 몇 가지 물었다. 길게 통화를 하였다. 특히 직원은 책 쓰기 도전 동기와 나에 대한 커리어에 관심을 가졌다.

그리고는 "작가로서 좋은 자질을 갖고 계신 것 같습니다. 시작하신다면 반드시 책이 나올 때까지 도와드리겠습니다."라고 이야기하였다. 무슨 말이 필요하겠는가? 전화 상담을 하면서 이미 마음을 먹은 상태였다. 어떻게 하면 되는지 물었다. 그리고 바로 계약금을 입금하였다.

이렇게 책 쓰기 도전을 박사학위를 취득했던 그해가 가기 전에 시작하게 되었다. 사실 너무 빠른 느낌도 있었다. 쉬고 천천히 할 법도 하였다. 하지만 갑자기 든 생각이 아니었다. 언제 시작할 것인지만 남아 있었다. 결국, 해가 가기 전에 다음 목표를 정하고 바로 실천에 옮겼을 뿐이었다.

책 쓰기 훈련 과정

"7주간의 책 쓰기 훈련은 나를 한 단계 도약시킨 잊을 수 없는 소중한
경험이었다."

책 쓰기 훈련을 마친 후에 마음을 정리한 표현이다. 분명한 목표가 있
으니 시간의 무게가 다르게 느껴졌다. 짧지만 그 어떤 과정보다 많은 것
을 얻을 수 있었다. 이제는 두려울 게 없다는 생각이었다. 혼자 있어도 상
관없다. 나이가 들어도 문제없다. 그 어떤 상황에서도 책 쓰기라는 든든한
무기가 장착되었으니 말이다.

책 쓰기 학교에 등록한 지 한 달 정도가 지나서 7주간의 훈련이 시작되
었다. 서울 강남에 있는 책 쓰기 학교를 방문하였다. 긴장된 마음으로 찾
았다. 첫 직장에 출근하는 것 같은 떨리는 기분이었다. 설레는 감정도 있
었다. 그동안 간절히 염원하는 일이었기에 이번만큼은 꼭 책을 내겠다는

각오가 컸다.

직장을 다녔기에 매주 한 번 월차를 썼다. 다행히 여건이 되었다. 박사학위 과정도 그렇고 책 쓰기도 마찬가지다. 목표를 도전해 나가는 데 걸림돌은 없었다. 하고 싶은 일을 문제 없이 할 수 있다는 것 자체가 행운이었다. 누구든 하고 싶다고 다 할 수 있는 것은 아니기 때문이다.

7주간의 책 쓰기 훈련은 긴장의 연속이었다. 매주 진지하게 임하였다. 새로운 지식과 방법을 알아가는 과정은 열정을 샘솟게 하였다. 코칭하여 주시는 작가님의 가르침에 충실히 따랐다. 시간마다 해야 할 일들을 한발 앞서 완성해 갔다. 철저한 준비와 빠른 진도에 놀라움도 표시해 주었다.

첫째 주는 '주제 정하기'였다. 자기에게 가장 최적화된 주제를 뽑는 시간이었다. 자신도 몰랐던 관심 있는 바를 찾아내는 과정이 심리 파악처럼 느껴졌다. 무의식 속에서 하나하나의 문장을 들춰내면서 주제를 좁혀 나갔다. 책의 제목을 '아이의 인생은 아빠에게 달렸다'로 정하였다. 논문을 책으로 이어간다는 생각으로 주제를 정한 것이다.

둘째 주는 '목차 선정'이었다. 유혹하는 목차 작성법을 알려주었다. 목차의 중요성을 실감할 수 있었다. 책을 쓰는 데 주제 정하기와 목차 선정이 전부가 아닌가 하는 생각이 들었다. 목차는 기획과 같았다. 건물로 따지면 골격이나 다름없었다. 글쓰기와 책 쓰기가 무엇이 다른지 확연하게 구분할 수 있었다.

셋째 주는 '서문 작성'이었다. 독자를 사로잡는 서문 작성법을 배웠다. 본격적으로 글을 쓰는 과정이었다. 책이 주는 메시지를 얼마나 잘 전달하느냐가 관건이었다. 독자가 책을 선택할 때 책을 다 읽을 수는 없다. 대부분 책의 제목과 목차 그리고 서문 정도를 보고 판단한다. 책의 내용을 요약한 것과 다름없는 서문이 중요한 이유이다.

넷째 주는 '본문 작성'이었다. 눈길을 사로잡는 본문 작성법을 익히는 과정이었다. 누구나 버겁게 생각한다. 분량이 많기 때문이다. 책이 250페이지 내외라면 A4지로 100페이지를 넘게 써야 하는 과정이 만만치 않기 때문이다. 훈련 과정에서는 샘플 원고를 작성하였다. 부담은 조금 덜하였다. 하지만 본격 책을 쓰는 시점에서는 어차피 넘어야 할 관문이었다. 즐기면서 본문을 작성하는 것이 중요하다는 생각이 들었다.

다섯째 주는 '출간기획서 작성'이었다. 원고투고 출판사를 사로잡은 출간기획서 작성법을 배웠다. 가장 배우고 싶은 과정이었다. 책을 내기 위해서는 출판사가 나를 선택해야 하기 때문이다. 가수로 데뷔하고 싶으면 자신의 데모 테이프로 보고 연예기획사가 선택해야 하는 이치와 같다. 고기 잡는 법을 배우고 싶었다. 다음부터는 스스로 책을 내야 하기 때문이다. 직장생활에서 잘하는 것 중 하나가 기획서 작성이었기에 자신감도 있었다.

여섯째 주는 '본문 작성 두 번째' 시간이었다. 원고 작성법과 본문 작성 요령을 알려주었다. 지금까지 특별히 글 쓰는 방법을 배워본 적은 없다. 글쓰기와 관련된 책을 읽은 게 고작이었다. 독자를 사로 잡는 간결하면서 파워가 넘치는 글을 쓰는 방법을 알아갔다. 평소 글쓰기는 시간에 투자하는 것이 중요하다는 생각이었다. 그 속에 맛깔스러운 글쓰기 방법이 더해진다면 금상첨화가 아니겠는가?

마지막 주는 '출판사 원고투고'였다. 어떻게 출판사와 계약할 것인지를 배웠다. 진도가 빨라서 마지막 시간에 바로 출판사 원고투고가 진행되었다. 긴장감과 설렘은 말로 표현할 수 없었다. 드디어 출판사와 계약을 할 수 있다는 말인가? 내 글을 보고 책을 내자고 출판사에서 연락이 온다는 말인가? 그동안 생각만 했던 꿈같은 현실이 눈 앞에 펼쳐지는 순간이었다.

첫 번째 도전한 책의 출간기획서 표지

첫 번째 출간의 좌절

7주간의 책 쓰기 훈련은 출판사 원고투고까지 일사천리로 진행되었다. 이제 출판사에서 연락이 와서 계약이 이루어질 것이라는 기대감이 있었다. 계약 이후 원고를 작성하면 언제 책이 나올 것이라는 생각으로 행복감에 젖기도 하였다.

그런데 이게 웬일인가? 출판사 원고투고 이후 연락이 오는 출판사가 없었다. 보통 일주일 정도가 지나면 결과를 알 수 있다고 하였다. 일주일이 지나고 이 주일이 지나도 연락은 감감무소식이었다. 한 달은 지켜보자는 생각이었다. 하지만 시간이 지나도 변함은 없었다.

상실감은 이루 말할 수 없었다. 기대가 컸던 만큼 이내 좌절감으로 바뀌었다. 무엇이 문제인가에 골몰할 수밖에 없었다. 주제가 문제인가? 아니면 출간기획서가 부족한가? 샘플 원고에서 문장력이 떨어지는 것이 아닌가? 별의별 생각을 다하였다. 잠시 위험한 생각도 하였다. 내가 과연 책을 낼 수 있는 자질이 있는 것인가?

하지만 이내 마음을 가다듬었다. 하긴 처음 책을 쓰는 것인데 한 번에 내는 것은 어려운 일이었다. 나의 글을 지면을 통해 내보인 적이 없는데 출판사에서 금방 찾는다는 것도 무리인 것은 당연하였다. 이러한 생각을 하면서 스스로 위안해 보았다.

코칭하여 주셨던 작가님과도 진지하게 이야기를 나누었다. 멈추지 말고 계속 출간기획서를 작성하여 원고투고를 시도해보자고 조언해 주셨다. 첫 책의 주제 말고도 몇 가지 생각한 것을 말씀드렸다. 그 주제에 대해 특별히 순서를 정하지 말고 원고투고를 해보자는 제안이었다. 그리고 이런 상황에서는 포기하지 않고 책을 계속 내겠다는 의지가 무엇보다 중요하다는 말에 큰 동기부여가 되었다.

첫 번째 좌절은 약이 될 수 있다. 한 번에 되었으면 오히려 오만해진다는 생각을 하면서 마음을 가다듬었다. 절대 포기하지 않고 계속해서 도전하겠다는 각오를 다졌다. 처음부터 시작한다는 마음으로 책 쓰기 도전에 다시 시동을 걸었다.

생애 첫 책 출간

두 번째 출간기획서의 주제 선정에 고민이 많았다. 다섯 개 정도 생각한 것이 있었다. 샘플 원고를 제외하고 작성한 출간기획서는 세 개나 되었다. 생각날 때마다 책 쓰기 구상을 하고 출간기획서를 작성하는 것이 생활화되었다. 그중에 무엇을 선택할지가 중요하였다. 이번에 실패하면 안 된다는 생각뿐이었다.

최종 '시골분교'라는 주제를 선택하였다. 본래는 세 번째 책으로 생각한 주제였다. 두 번째까지는 작가로 이름을 알리고 경험을 갖춘다는 생각이었다. 세 번째에서 승부를 걸고 싶었다. 하지만 첫 번째 책을 내지 못한다면 무슨 소용이 있겠는가? 필살기로 생각한 것이 필요하였다.

시골분교 주제만큼은 확신이 있었다. 20년을 넘나드는 이야기였기 때문이다. 포기한 사진작가의 꿈이 다시 책으로 태어난다는 의미도 있었다. 가숨속에 묻어 두었던 추억을 책으로 부활시키는 내용도 담고 있었다. 누구나 마음에 간직하고 있는 소중한 기억이 있다면 책 쓰기에 도전할 것을 권하고 있다. 이 정도면 충분히 독자들의 흥미를 끌 수 있는 주제라는 판단이 들었다. 시골분교를 주제로 결정한 이유였다.

출 간 기 획 서

제목 : 20년 전 시골분교 책이 되다
부제 : 추억으로 책 한 권 쓰기

"제4회 사진비평상 수상작"
"폐교 직전 전교생 10명 이내 시골분교 사진"

두 번째 도전한 책의 출간기획서 표지

100일 만에 생애 첫 책 완성

"10년 동안 책 한 권을 쓰는 것보다 100일 동안 책 한 권을 쓰는 것이 더 현명하다."

김병완 작가의 《누구보다 빨리 책 쓰는 법》에 나오는 문장이다. 김병완 작가는 《기적의 책 쓰기》에서도 "글을 가장 빨리, 많이 쓰는 데 집중하면 가장 좋은 책을 많이 쓸 수 있다."라며 속도를 강조하였다. 글을 쓰면서 느끼는 게 있다. 집중해서 썼을 때 에너지가 폭발한다. 사고의 폭이 확장된다. 글쓰기의 능력도 배가된다. 이런 이유로 나 역시 빠르게 책을 쓰려고 노력하였다.

처음 책을 쓰는 데 대략 100일이 걸렸다. 생애 첫 책을 빠른 속도로 완성한 것이다. 출간기획서 작성부터 원고투고에 이어 출판사 계약 그리고 원고 작성까지 일사천리로 이루어졌다. 출간기획서 작성은 한 달 정도 걸렸다. 원고투고 후 출판사 계약까지는 2주 정도 걸렸다. 원고 작성은 두 달 만에 완성하였다.

원고 투고

원고 투고를 하기 전에 필요한 부분을 정리하는 시간을 가졌다. 우선 네이버 인물 정보에 대한 점검이 중요하였다. 개인 정보를 검색하는 데 맨 먼저 찾는 곳이기 때문이다. 개인 블로그도 살펴보았다. 바쁘다는 핑계로 미진했던 부분을 채워나가는 작업을 진행하였다. 그밖에 인스타그램, 페이스북 등에 책 쓰기를 조금씩 알려 나가는 일도 병행하였다.

드디어 원고 투고를 하는 시간이었다. 두 번째는 또 다른 기분이었다. 긴장되면서 간절한 마음이었다. 원고투고일은 생일인 8월 17일로 잡았다. 이번에는 출판계약이 꼭 성사되었으면 하는 바람을 담았다. 작가로 출발하는 첫 번째 관문을 멋지게 통과하고 싶었다.

원고 투고를 마치니 마음이 후련하였다. 최초의 연락은 언제 올까? 몇 개의 출판사에서 계약하자고 할까? 좋은 출판사에서 연락이 와서 계약되어야 할 텐데 걱정이 앞섰다. 이런저런 생각을 하면서 담담히 연락을 기다렸다. 이제부터 새로운 시작이라는 각오도 다졌다.

원고 투고 후 출판사 연락

원고 투고 후 첫 번째 연락은 둘째 날에 왔다. 지방의 작은 출판사였다. 대표께서 직접 전화를 해주었다. 기쁨이 이만저만이 아니었다. 출판사에서 전화를 받은 기분을 처음 맛보았다. 주제가 신선하고 회사와 추구하는 방향이 맞아서 좋다는 이야기였다. 검토해서 연락을 준다는 말을 전하고 통화를 마쳤다.

그 후 얼마 안 되어 두 번째 연락이 왔다. 이번에는 지방의 큰 출판사였다. 오랜 출판 경험이 있는 연로하신 대표께서 직접 전화를 주셨다. 오랫동안 시골분교를 직접 찾아다닌 노력이 남달라서 책을 낼 기회를 주고 싶다는 말씀을 해주셨다.

세 번째는 유명 출판사에서 나와서 최근에 새로 출판사를 운영한다고 하면서 연락이 왔다. 자연스럽게 앞으로의 책 쓰기 계획을 이야기하게 되었다. 그랬더니 신생 출판사라서 마음이 내키지 않더라도 꼭 만나고 싶다고 하였다. 처음 책을 내는 데 출판사 선정이 중요하다며 주의할 점에 관해 이야기를 해주고 싶다고 하였다.

그 후에도 비교적 잘 알려진 출판사로부터 생각이 있으면 연락을 달라는 메일이 도착하였다. 그리고 사진집을 낸 경험이 있다는 출판사로부터도 연락이 왔다. 출간기획서를 검토하니 사진집 형식이 좋겠다는 결론을 냈다는 것이었다. 이전에 출판사에 낸 책을 알려주면서 살펴보고 연락을 달라고 하였다. 모든 이야기가 정말 큰 힘이 되었다. 그저 감사한 마음뿐이었다.

이렇게 일주일 동안에 5개의 출판사에서 연락이 왔다. 나에게도 책을 내자는 연락이 왔다는 자체가 놀라움이었다. 가족 모두 기뻐해 주면서 놀라는 기색은 마찬가지였다. 남의 일로만 생각하였던 책을 내는 일을 직접 눈앞에서 보니 신기하지 않을 수 없었다. 그만큼 우리에게 책을 내는 일은 흔치 않으면서 대단한 일이라는 것을 새삼 깨닫는 순간이었다.

출판사 선정

출판사로부터 전화나 메일을 받고 시간을 지체하지 않았다. 직접 회사를 찾아가거나 만나 보았다. 몇 가지 궁금한 것이 있어 물어보았다. "제 책을 선택한 이유가 무엇인가요?", "계약을 하게 되면 출판사는 무슨 역할은 해주나요?", "앞으로는 어떻게 진행이 되는 것인가요?" 처음이라 그런지 궁금한 게 많았다. 그리고 이 질문에 대한 답을 통해 출판사를 선정하고 싶었다.

무엇보다 내 생각을 잘 이해하고 있는 출판사를 선정하고 싶었다. 책의 표지 디자인이나 편집을 최신 흐름에 맞게 해줄 수 있는가도 중요하였다. 책을 내는 데 성심성의껏 도움을 줄 수 있는가도 살펴보았다. 그것은 만남을 통해 나눈 이야기와 이전에 출판한 책을 통해 판단하는 수밖에 없었다.

이러한 기준을 통해 최종 출판사를 선택하였다. 만남에서 모두가 정성을 다해 주었다. 그럼에도 출판사를 선택한 가장 큰 이유가 있었다. 대부분의 출판사는 책의 형식을 에세이로 쓸 것을 권장하였다. 그러나 선택한 출판사는 자기계발서로 쓰고자 하는 내 생각에 적극 동의해 주었다.

자기계발서로서의 방향은 분명하였다. 시골분교 사진으로 시작하여 책 쓰기로 연결하는 것에 주안점을 두었다. 20년을 넘나드는 시골분교를 만나는 시간은 어려움을 극복하면서 성장의 과정을 거친 이야기였다. 난관을 뚫고 무엇인가를 이루어내는 열정이 담겨 있었다. 자신의 인생을 돌아보면서 독자들에게 조금이나마 힘이 되고 싶다는 메시지가 담겨 있는 책이었다.

우리의 인생도 마찬가지 아닌가? 인생을 아무렇게나 살 수 없듯이 생각나는 대로 책을 쓸 수는 없다. 책 쓰기도 기승전결의 흐름이 있어야 한다. 시기와 방향이 명확해야 한다. 그것은 사고의 폭을 넓히면서 조금씩 성장해 나가는 과정이기도 하다. 독자들은 그런 단계를 거친 것에 높은 점수를 준다. 남다른 스토리를 인정하면서 더 큰 관심을 기울인다. 이러한 명확한 관점을 가지고 책 쓰기에 임하였다.

출간 계약

출간 계약은 원고투고 후 정확히 14일 만에 이루어졌다. 출판사를 정하고 정식 출간 계약을 체결하기까지는 끝까지 마음을 놓을 수 없었다. 마지막까지 계약이 정말 이루어질까 하는 의구심은 계속 있었다. 모든 것이 처음 겪는 과정이라 조심스러웠다. 그만큼 처음 책을 내는 과정은 매 순간 드라마틱하게 느껴졌다.

출판사와의 만남에서 기억에 남는 말이 있었다. "보통 한 달에 150~200개 정도의 원고가 들어옵니다. 그중에서 작가님의 출간기획서는 주제가 색달랐습니다. 그리고 마케팅 전략 또한 눈에 띄었습니다."라는 이야기였다. 이런 평가를 통해 얻은 은근한 자신감은 긴장되어도 출간 계약 과정에 편안하게 임할 수 있었던 요인이 되었다.

계약 체결은 메일을 통해 이루어졌다. 우수한 출판사라 그런지 첫 만남부터 계약까지 진행되는 과정이 매끄러웠다. 중간에 몇 번의 만남과 메일을 통해 서로의 생각을 충분히 교환하였다. 여러모로 안심이 되었다. 좋은 책이 나올 것이라는 믿음을 갖게 하였다. 이제 원고 작성을 마무리하는 일만 남았다는 생각이었다.

원고 작성

계약 후 원고 작성에 매진하였다. 계약서에는 6개월 이내에 완성하면 되었다. 하지만 최대한 빠르게 마치겠다는 의지가 강하였다. 본래는 올해 안에 책을 내겠다는 생각이었다. 첫 번째 출간에서 실패하였기 때문에 두 달 안에 모두 끝내자는 목표를 두었다.

원고를 작성하는 시기에는 직장을 그만두고 잠시 쉬고 있었다. 다행히 시간이 많았다. 하루 대부분을 원고 작성에 할애하였다. 그중에서 시간이 가장 많이 소요된 것은 20년 만에 시골분교를 다시 찾는 일이었다. 책에서 중요하게 다루어지는 내용이었다. 몇 차례 기간을 정하여 방문하는 계획을 세웠다.

시골분교 방문은 두 차례 진행하였다. 서해안에 있는 섬은 중간에 잠시 시간을 내어 다녀왔다. 첫 번째는 일주일 정도 걸렸다. 강원도 평창에서 시작하여 정선과 영월로 향하였다. 그리고 국토를 종단하여 남해안에 있는 섬을 찾았다. 남해안은 배를 타고 다녀오는 섬이 대부분이어서 하루에 한 개밖에 방문할 수 없었다. 시간이 오래 걸린 이유였다.

두 번째는 강원도 강릉으로 가서 경상북도 봉화로 향하였다. 그리고 전라남도 완도로 가는 먼 여행길이었다. 그야말로 전 국토를 가로질러 가는 일정이었다. 예전과는 다르게 길은 좋아졌다. 하지만 가는 산길이나 뱃길마다 한참을 들어갔다. 이렇게 먼 곳까지 왔나 싶을 정도로 험난한 길은 20년 전이나 마찬가지였다.

오랜만에 가는 길은 누구나 경험할 수 없는 추억의 여행길이라는 즐거움이 있었다. 시골분교를 다시 찾으면서 20년 전의 기억을 소환하는 소중한 시간이었다. 그 길에서 평소에 느낄 수 없는 경험을 하였다. 자연과 접하면서 머릿속에 글이 생각나 중간에 차를 세워 노트에 적는 일을 반복하였다. 예상치 못한 색다른 일이 계속되었다. 책상에서는 생각할 수 없는 주옥같은 문장이 떠올랐다. 원고 작성을 빠르게 진행하는 데 큰 동력이 되었다.

처음 한 장을 쓸 때는 어떻게 써야 할지 잠시 고통스러운 고민의 시간을 갖는다. 초고를 쓴 이후 다듬고 수정하면서 글을 완성해 나간다. 어느 순간에 만족스러운 글로 점차 발전해 나간다. 그리고는 완성된 글을 읽으면서 스스로 흡족함에 빠진다. 이런 과정을 거치면서 어떻게 이런 글이 나왔는지 하는 나만의 행복감에 젖는 일이 반복되었다.

이것이 책 쓰기의 매력이라는 생각이 들었다. 한번 시작한 작가의 길을 멈추지 않고 평생을 걸어가는 이유를 조금이나마 알게 되었다. 이렇게 책 쓰기만의 묘미를 여러 차례 느끼면서 어느덧 원고가 완성되었다.

앞으로의 책 쓰기 계획

"인간은? 사는 게 두려워 사회를 만들었고, 죽는 게 무서워 종교를 만들었으며, 잊히는 게 두려워 글을 썼다."

이해사 작가의 《내 글도 책이 될까요?》 첫머리에 나오는 문장이다. 너무도 공감이 가는 말이다. 특히 "잊히는 게 두려워 글을 썼다."라는 말이 뇌리에 남는다. 인간이 죽음을 대하는 속내를 그대로 표현하고 있다.

인간이 가장 두려워하는 것은 무엇인가? 바로 죽음이다. 그렇다면 죽음을 두려워하는 이유는 무엇인가? 물론 죽음으로 인한 고통이 있다. 사랑하는 이들과 헤어지는 슬픔도 크다. 하지만 이보다 더 근본적인 이유가 있다. 그것은 이 세상에서 사라지면서 자신의 존재가 잊히는 것이다.

그러면 자신의 존재가 잊히는 두려움을 해소하는 방법은 무엇인가? 바로 책 쓰기다. 영상, 사진 등도 있다. 하지만 차원이 다르다. 인간의 철학, 사상, 가치 등의 고귀한 존재를 남기는 방법으로 단연 책 쓰기를 꼽는다. 여기서 종교는 논외로 하자.

이순신 장군과 원균의 결정적 차이는 무엇인가? 물론 전과와 전략 그리고 리더십 등에서 비교할 수 없는 차이가 있다. 하지만 이보다 더 결정적인 차이가 있다. 바로 이순신 장군은 《난중일기》라는 역사적 기록을 남겼다는 것이다.

전쟁에서 중요한 전략과 정보 그리고 심리 전술의 탁월함을 그대로 보여주고 있다. 백성과 부하를 생각하는 애틋한 마음도 그대로 전해지고 있다. 풍전등화의 위기에서 나라를 생각하는 고뇌가 생생히 기록되어 있다. 역사상 가장 위대한 인물로 우리에게 영원히 살아있는 이유이다. 이는 기록의 위력을 증명하는 역사적 사실이며, 생각만 해도 가슴이 웅장해지는 위대함이 되었다.

인간의 죽음과 이순신 장군을 언급하는 이유가 있다. 책 쓰기가 지니는 기록의 힘을 강조하기 위해서다. 책은 인간이 남기는 기록이다. 자신이 남긴 어떤 기록도 책 쓰기의 자료가 될 수 있다. 별거 아닌 흔적이 책 쓰기의 동기가 될 수 있다. 자신만의 기록이 있다면 누구나 책을 쓸 수 있다. 만약 남긴 기록이 없다면 추억만으로도 충분하다. 그 어떤 기록도 의미가 있다. 나의 존재를 남기는 가장 좋은 방법이기 때문이다.

책 쓰기의 가치

"잊고 싶지 않은 것들을 남기기 위해, 단 한 번뿐인 순간, 다시 돌아오지 않을 순간을 기억하기 위해, 일상을 지탱해주는 사소한 아름다움을 찾기 위해, 내가 하는 일, 앞으로 하게 될 일, 혹은 하고 싶은 일을 더 잘하기 위해 우리를 살아가게 하는 사랑받은 기억은 남기기 위해."

김신지 작가의 《기록하기로 했습니다》에 나오는 문장이다. 기록의 가치를 잘 표현하고 있다. 사라져가는 시골분교를 사진으로 기록한 이유도 마찬가지다. 인생의 흔적을 남기기 위해 책 쓰기를 하는 것도 같은 이치다. 삶의 순간을 남기기 위해 저마다의 방법으로 기록하는 것도 이와 같다. 우리는 살아가면서 진지하게 기록의 의미를 생각하지는 않는다. 하지만 매 순간 의식하든 의식하지 않든 이를 실현하기 위해 움직이고 있는 건 분명하다.

그러면 기록이라는 차원에서 책 쓰기의 가치는 무엇인가? 지금의 순간을 기억하고 나의 존재를 남기는 일이다. 수많은 선택의 길목에서 어떻게 해야 하는지 안내해 준다. 시행착오를 조금이나마 줄여주는 지혜를 가르쳐준다. 무엇보다 많은 사람에게 도움이 되는 긍정의 영향을 미친다는 데 의미가 있다.

사진 속 아이들을 만나다

다음에 쓰고 싶은 책이 있다. 바로 시골분교 사진 속에 나오는 아이들을 만나는 것이다. 보통 일은 아니다. 하지만 20년 후 다시 시골분교를 방문하면서 불가능한 일은 아니라는 생각이 들었다. 충분히 가능한 일이다. 무엇보다 의미 있는 일이기 때문에 꼭 도전하고 싶다.

사진 속 아이들을 만나는 일은 해볼 만하다고 생각한 계기가 있다. 매물도분교를 다시 찾았던 때였다. 여객선을 기다리면서 잠시 구판장에 들렀다. 여성 분과 대화를 나누던 중에 20년 전 사진을 보여주었다. 그중 한 학생이 자녀라고 하면서 아이들을 금방 알아보았다. 지금은 몇 살이고 어디에 살고 있는지 자세히 이야기를 해주었다.

전교생 1명이었던 어의분교를 방문하였을 때도 마찬가지였다. 동네 주민들은 사진을 보자마자 비슷한 이야기를 해주었다. 그렇다면 이분들의 소개로 만나면 된다. 책이 나오면 다시 방문하려고 한다. 계획을 설명하고 소개를 받아 아이들을 만날 것이다.

지금은 성인이 되었을 사진 속 아이들을 만나면 꼭 묻고 싶은 것이 있다. 어린 시절 작은 학교에 다녔을 때 마음은 어떠했는지? 정서적으로 인생에 어떤 영향을 미쳤는지? 그리고 20년 전에 사진 촬영을 했던 기억은 나는지? 궁금한 것이 너무도 많다.

지금은 스펙을 중시여기는 풍토가 만연해 있다. 사회적으로 문제가 되고 있다. 시골분교 아이들의 목소리에는 분명히 메시지가 있을 것이다. 그 것을 책을 통해 사회에 전하는 것은 의미 있는 일이다. 그리고 함께 사진을 보면서 20년 전의 추억을 이야기하는 것이다.

세 가지 단계의 계획

책 쓰기는 세 가지 단계로 계획하고 있다. 책을 쓰다 보면 변할 수 있다. 하지만 기승전결의 일관된 흐름으로 만들어 가려는 의지다. 책을 쓰는 과정에서 겪게 되는 어려움을 극복하겠다는 다짐이기도 하다.

첫 번째 단계는 '책 쓰기에 관한 책'이다. 이번 책은 누구나 해당하는 주제이다. 다음은 대상을 세분화하려 한다. 예를 들어 직업이나 나이 등으로 분류하는 것이다. 사실 책 쓰기에 대해 이야기를 하면 동기부여가 되지 않는 사람을 거의 보지 못했다. 그만큼 누구나 한번 해보고 싶다는 생각을 지니고 있다. 다만 용기가 없어 실천하지 못할 뿐이다. 이런 사람에게 자신감을 주고, 행동으로 옮기도록 도와주고 싶다.

두 번째 단계는 '영업에 관한 책'이다. 비즈니스, 마케팅, 세일즈 등도 포함된다. 내가 가장 어필할 수 있는 것은 무엇인가? 사람들에게 흡인력이 있는 것은 어떤 것인가? 영업과 관련된 것을 꼽을 수 있다. 많은 직업을 거치면서 축적된 노하우가 있다. 영업이라는 마인드를 가지면 어느 곳이든 인정받을 수 있다는 생각이다. 이런 내용으로 조금이나마 사람들에게 활력이 되었으면 한다.

세 번째 단계는 '퍼스널스토리에 관한 책'이다. 궁극적으로 가려는 책쓰기의 길이다. 인생을 살아오면서 가장 관심이 있는 것은 무엇인가? 보다 경쟁력 있는 분야는 어떤 것인가? 무엇으로 사람들에게 도움을 주고 싶은가? 앞으로의 길을 고민하는 과정에서 나에게 던지는 질문이다. 결국은 사람에 관한 것이다. 사람들의 인생 스토리를 담아내는 일이다. 대단한 사람만을 대상으로 하지 않는다. 작은 성공을 이룬 주변 사람들은 저마다 독특하고 감동적인 스토리를 가지고 있다. 그런 이야기를 찾아 책을 통해 세상에 드러내는 작업을 하려고 한다.

책을 통한 긍정의 영향력

나는 분명한 인생의 비전이 있다. 그것은 '책을 통하여 세상에 긍정의 영향력을 미치는 것'이다. 이것은 꿈이 아니라 비전이다. 꿈과 비전은 다르다고 하였다. 꿈은 단순히 이루고 싶은 것이다. 직업일 수도 있고, 명예일 수도 있다. 비전은 이것과는 차원이 다르다.

세 가지가 있어야 한다. 첫째는 내가 하고 싶고, 잘하는 것이어야 한다. 그래야 숨은 에너지가 폭발한다. 한 단계 뛰어넘는 혼을 다한 열정을 샘솟게 한다. 둘째는 경제적인 부분과 연결되어야 한다. 그것이 안 되면 중간에 포기할 수 있다. 세상 사는 이치가 그렇다. 셋째는 사회에 기여할 수 있어야 한다. 내가 하는 일이 가치 있는 것이라면 자신감을 가질 수 있다. 그리고 나 혼자만이 아닌 모두가 함께하는 더 큰 힘을 발휘하게 한다.

책 쓰기는 이 세 가지를 모두 담고 있다. 나는 앞으로 50권 이상의 책을 출간할 것이다. 책 쓰기를 배우기 전에는 5권 정도를 쓰고 싶다는 목표를 가졌다. 지금은 다르다. 책을 쓰면서 50권은 충분히 가능한 목표라는 생각을 하게 되었다. 하지만 숫자가 중요한 것은 아니다. 책 쓰기의 진정한 가치를 실현할 수 있어야 한다. 그럴 때만이 세상에 긍정의 영향을 미치는 비전을 이룰 수 있기 때문이다.

'이바지'하는 인생 목표

> "인생 후반, 다시 '나'를 생각한다.
> '별것'이 될 줄 알았는데 '아무것'이 된 나를
> 그리고 나의 '쓸모'에 대해 생각합니다.
> 이제, 인생의 두 번째 가능성을 꿈꿉니다."

이주희 작가의 《이토록 멋진 오십이라면》에 나오는 문장이다. 오십 중반을 바라보고 있는 시점에서 내 생각을 잘 표현하고 있다. 인생 후반에 책 쓰기를 해야 하는 이유도 잘 설명하고 있다. '쓸모'라는 말이 마음에 와닿는다. 나는 '이바지'라는 말로 대신하고 싶다.

요즈음에 '나의 자산'은 과연 무엇인가를 생각한다. 이 사회에서 쓸모에 관한 것이다. 이바지를 어떻게 할 것인가에 대한 고민이다. 이것은 결국 나를 위한 길이기도 하다. 50대에 박사학위를 취득하였다. 대학 강의도 계속하고 있다. 그리고 꿈에 그리던 생애 첫 책을 출간하게 되었다.

오십을 인생의 황금기라고 칭한다. 하늘의 뜻을 안다는 지천명知天命 오십은 우리에게 어떤 의미인가? 사회적 편견과 타인의 시선에서 벗어나 오로지 나만의 삶을 살 수 있는 시기이다. 그래서 이제는 '진정한 나'와 함께 오십 이후의 멋진 인생을 그려 나가려고 한다.

이 책은 20년 만에 다시 찾은 시골분교에 대한 추억의 여행기다. 20년을 넘나드는 시간 속 여행이다. 지나온 과거를 되돌아보는 추억의 여정이다.

얼마나 즐거운 일인가? 나만의 스토리로 책을 쓰는 것이 말이다. 책 쓰기로 여행이라는 선물을 얻었다. 즐기면서 글을 써 내려갈 수 있었다. 예전엔 지나쳤던 것이 이제 모두 책 쓰기의 소재가 되었다. 책 쓰기는 관찰이라는 묘미도 선사해 주었다.

시골분교는 폐교라는 사회적 이야기는 피했다. 순수하게 추억을 소환하는 감성적 글을 쓰고 싶었다. 20년 전에 쓰지 못했던 아쉬움의 표현이었다. 멈춰버린 사진작가의 꿈이 책으로 다시 태어나는 것이다.

누구나 간직하고 있는 추억이 있다. 그것을 끄집어내어 책 쓰기에 도전해 보자. 나만의 추억이 새로운 스토리로 탄생할 수 있다. 자신에게는 성장의 계기가 될 수 있다. 다른 사람에게는 희망을 줄 수 있다.

책을 쓰면서 두 가지 하고 싶은 것이 생겼다. 첫 번째는 20년 후에

다시 시골분교를 찾는 것이다. 과연 20년 후 분교는 어떤 모습으로 변해 있을까? 그때의 심정은 지금과 무엇이 다를까? 인생을 어떻게 만들어 가고 있을까? 궁금한 게 한두 개가 아니다. 그 자체만으로도 의미 있는 일이다. 책을 쓴다면 40년을 넘나드는 것이다.

두 번째는 사진 속 아이들을 만나는 것이다. 또 하나의 책을 쓰고 싶다. 어린 시절 작은 학교에 다녔던 마음은 어떠했을까? 정서적으로 인생에 어떤 영향을 미쳤을까? 지금 성인이 되었을 아이들을 만나서 묻고 싶다. 지금은 스펙을 중시 여기는 풍토가 만연해 있다. 사회적 문제가 되고 있다. 시골분교 아이들의 목소리는 분명 메시지가 있을 것이다. 그것을 사회에 던져 주고 싶다.

책을 마치며 박사학위 논문에 이어 책 쓰기까지 큰 힘이 되어준 가족에게 고마운 마음을 전한다. 무엇보다 사랑하는 아내의 도움이 컸다. 20년 전에는 고된 촬영 일정을 함께해 주었다. 이번에는 독자라는 생각으로 글을 평가해 주었다. 어여쁜 두 딸의 응원도 어려울 때마다 활력소가 되었다. 책 쓰기에 도전하는 아빠의 모습이 아이들에게도 삶의 좋은 동기가 되기를 바란다.

부록

그 밖의 시골분교 사진

1. 촬영 첫째 날에 방문한 분교

금대분교, 압곡분교, 공명분교

시골분교 촬영은 금대분교에서 시작하였다.

무엇이든 처음은 낯설고 어설프다.

그래도 따뜻하게 맞이해 주신 분교 선생님과

맑디맑은 여덟 명의 아이들이 있어

즐겁게 첫째 날 촬영을 마칠 수 있었다.

강원도 횡성군 서원면 금대리 유현초등학교 금대분교
(2001. 4. 17 촬영)

첫째 날 두 번째는 금대분교와 가까운 압곡분교를 찾았다.

처음보다는 나았지만, 여전히 어색함은 있었다.

이승복 동상과 소녀상 그리고 아홉 명의 아이들과 함께

잠깐이라도 동심으로 돌아간 시간이었다.

강원도 횡성군 서원면 압곡리 서원초등학교 압곡분교
2001. 4. 17 촬영

첫째 날 마지막 촬영지로 공명분교를 찾았다.

세 개의 분교를 방문하느라 바쁜 하루였다.

아이들을 한 줄로 세워보았다.

일곱 명의 조합과 흰색 교실이 잘 어울린다.

강원도 횡성군 공근면 공근리 공근초등학교 공명분교
2001. 4. 17 촬영

강야분교, 노일분교

따뜻한 봄날 홍천의 강야분교를 찾았다.

오붓한 일곱 명의 아이들과 어우러진

깔끔한 교실과 우뚝 솟은 나무 그리고 산의 능선이

한 폭의 수채화를 연상케 한다.

강원도 홍천군 서면 개야리 모곡초등학교 강야분교
2001. 5. 21 촬영

강원도 홍천강 변에 있는 노일분교를 찾았다.

분교 주변 강가에는 유원지가 여럿 보였다.

5월의 햇살처럼 밝은 일곱 명의 아이들은

잔디에 앉아서 촬영하는 여유로움을 즐겼다.

강원도 홍천군 북방면 노일리 화계초등학교 노일분교
2001. 5. 21 촬영

3. 강원도 오지 계곡과 어우러진 분교

법수치분교

'한석규 스피드 011'의 부연분교 촬영을 마치고

가까운 법수치 계곡과 어우러진 분교를 찾았다.

두 학생의 옷이 비슷해서 남매라는 것을 금방 알아챘다.

깊은 산골에 물이 고인 운동장이 왠지 기억에 남는다.

강원도 양양군 현북면 법수치리 현성초등학교 법수치분교
2001. 6. 12 촬영

4. 이름이 특이한 강원도 산골 분교

품걸분교, 소란분교, 월루분교

품걸분교라는 이름에서 산골 냄새가 물씬 풍긴다.

소양강댐과 가까운 오지 마을에서 지내는

세 명의 아이들의 순진무구함이 자연과 어우러져

뭔지 모를 애틋함이 전해온다.

강원도 춘천시 동면 품걸리 가산초등학교 품걸분교
2001. 11. 12 촬영

왕치산, 가랭이산, 덕우산, 화채봉이
병풍처럼 둘러싸인 곳에 소란분교가 있다.
강원도 정선 산골의 겨울 날씨는 유독 추웠다.
그래도 네 명의 남자아이들은
추위에도 아랑곳하지 않고 마냥 씩씩해 보였다.

강원도 정선군 임계면 송계리 임계초등학교 소란분교
2001. 12. 17 촬영

고불고불 산길을 따라 찾아간 월루분교는

담장도 없는 전교생 두 명의 작은 산골분교이다.

오지의 추운 겨울을 이겨내려는 아이들의 두툼한 옷차림은

주변 풍경과 어우러져 옛 추억을 떠올리게 한다.

강원도 정선군 임계면 반천2리 임계초등학교 월루분교
2001. 12. 18 촬영

5. 폐교되지 않고 아직 남아 있는 분교

무의분교

🏠 📍 📷

강원도에서 시작한 촬영은 서해안으로 향하였다.

맨 처음 찾은 곳은 인천의 무의분교였다.

무의분교는 폐교되지 않고 지금까지 남아 있다.

20년 전에는 월미도에서 배를 타고 갔다.

지금은 영종도와 연결된 무의대교를 건너서 간다.

인천시 중구 무의동 용유초등학교 무의분교
2002. 3. 11 촬영

분점도분교

인천에 이어 충청남도 외딴섬 분점도를 찾았다.

분점도분교는 운동장이 없었던 유일한 분교였다.

어떻게 촬영해야 하는지 고민이 되었을 정도였다.

그런 열악함에도 웃음을 잃지 않았던

초롱초롱했던 세 명의 아이들이 눈에 선하다.

충청남도 서산시 지곡면 도성리 산성초등학교 분점도분교
2002. 3. 26 촬영

7. 원산도에 딸린 섬마을 분교

효자분교

예로부터 효자가 많다 하여 불리었던 효자도는
최근 해저터널로 유명해진 원산도에 딸린 섬이다.
순박한 다섯 명의 아이들과 아담한 교실
그리고 위로 뻗은 울창한 나무들이 제법 잘 어울린다.

충청남도 보령시 오천면 효자도리 광명초등학교 효자분교
2002. 5. 14 촬영

8. 남해의 아름다운 섬마을 분교

마도분교, 연도분교

4월의 벚나무가 감싸고 있는

마도분교의 교정이 너무 아름답다.

그 속에서 다섯 명의 아이들과 어울리는

균형감 있는 조화가 더욱 일품이다.

경상남도 사천시 마도동 대방초등학교 마도분교
2002. 4. 9 촬영

연도는 경상남도 진해시 연도동에 속한 섬이다.

20년 전에는 진해에서 배를 타고 갔다.

지금은 연도방파제가 준공되어 육지와 연결되어 있다.

그날따라 유독 황사가 심했음에도

여덟 명의 아이들과 즐거웠던 기억이 난다.

경상남도 진해시 연도동 웅천초등학교 연도분교
2002. 4. 8 촬영

9. 하늘색 슬레이트 지붕이 예쁜 산골 분교

신암분교

경상북도에서 촬영한 분교는 두 개였다.

그래서인지 신암분교도 기억에 많이 남는다.

예쁜 하늘색 슬레이트 지붕의 교실과 어울리는

고운 색깔의 운동장 속 아이들이 지금도 또렷하다.

경상북도 영양군 수비면 신암리 수비초등학교 신암분교
2002. 4. 1 촬영

백일분교

체육복을 입고 차렷 자세로 있는
세 명의 아이들 모습이 너무 귀엽다.
배를 두 번이나 갈아타고 다녀온
예작분교 촬영에 이은 힘든 여정이었지만
순진무구한 아이들이 피곤함을 잊게 해주었다.

전라남도 완도군 군외면 당인리 군외초등학교 백일분교
2002. 5. 24 촬영

대미분교, 영신분교

20년 만에 다시 찾은 대미분교는
폐교를 알리는 안내문만 덩그러니 있고
황량한 공터만 보일 뿐이었다.
어쩔 수 없는 안타까운 마음은
20년 전 순진무구했던 다섯 명의 아이들을 떠올리며
달랠 수밖에 없었다.

강원도 평창군 방림면 계촌2리 계촌초등학교 대미분교
2001. 5. 25 촬영

남해대교가 보이는 대도분교를 방문하고
가는 길에 영신분교에 들렀다.
20년이 지난 분교 모습은
여기가 분교였음을 짐작하기 힘들 정도의
안타까운 모습으로 변해 있었다.

경상남도 하동군 적량면 동산리 적량초등학교 영신분교
2002. 3. 18 촬영

12. '1박 2일'에 나온 또 하나의 분교

선애분교

20년 만에 다시 찾은 선애분교가

지금은 농촌체험학교로 변해 있었다.

그곳에서 가장 눈에 들어온 것은

2009년 7월 17일에 '1박 2일'이 촬영되었음을 알리는

큼지막한 그림 안내판이었다.

강원도 평창군 대화면 상안미리 안미초등학교 선애분교
2001. 5. 25 촬영

13. 미술관으로 변신한 분교

내리분교

박물관 고을 영월에 있는

조제분교는 '음향역사박물관'이 되었다.

내리분교는 '호안다구미술관'으로 변신하였다.

아이들의 소중한 추억이 서린 공간이

이렇게라도 남아 있는 것을 다행이라 여기고 싶다.

강원도 영월군 김삿갓면 내리 녹전초등학교 내리분교
2001. 5. 18 촬영

나만의
스토리로
책 쓰기에
도전하라

초판인쇄 2023년 03월 06일
초판발행 2023년 03월 06일

지은이 이동윤
펴낸이 채종준
펴낸곳 한국학술정보(주)
주 소 경기도 파주시 회동길 230(문발동)
전 화 031-908-3181(대표)
팩 스 031-908-3189
홈페이지 http://ebook.kstudy.com
E-mail 출판사업부 publish@kstudy.com
등 록 제일산-115호(2000. 6. 19)

ISBN 979-11-6983-176-5 03300